◆教育部新文科研究与改革实践项目（2021090048）
◆浙江省高等教育学会高等教育研究课题（KT2024121）
◆浙江科技大学研究生教学改革研究项目（2023yjsjg09）
◆浙江省习近平新时代中国特色社会主义思想研究中心浙江科技大学研究基地成果

生生之美

高校劳动教育的审美化研究

宋 眉 傅隐鸿 黄 扬 著

浙江大学出版社
·杭州·

图书在版编目（CIP）数据

生生之美：高校劳动教育的审美化研究 / 宋眉，傅隐鸿，黄扬著. -- 杭州：浙江大学出版社，2024.10.
ISBN 978-7-308-25460-1

Ⅰ. G40-015

中国国家版本馆 CIP 数据核字第 2024PU0050 号

生生之美：高校劳动教育的审美化研究
宋　眉　傅隐鸿　黄　扬　著

责任编辑	黄静芬
责任校对	杨诗怡
封面设计	周　灵
出版发行	浙江大学出版社
	（杭州市天目山路148号　邮政编码310007）
	（网址：http://www.zjupress.com）
排　　版	杭州林智广告有限公司
印　　刷	广东虎彩云印刷有限公司绍兴分公司
开　　本	880mm×1230mm　1/32
印　　张	8.875
字　　数	202千
版 印 次	2024年10月第1版　2024年10月第1次印刷
书　　号	ISBN 978-7-308-25460-1
定　　价	45.00元

版权所有　侵权必究　印装差错　负责调换
浙江大学出版社市场运营中心联系方式：0571-88925591；http://zjdxcbs.tmall.com

序

2018年8月，习近平总书记在给中央美术学院八位教授回信时强调："做好美育工作，要坚持立德树人，扎根时代生活，遵循美育特点，弘扬中华美育精神，让祖国青年一代身心都健康成长。"[①]劳动是人类的本质活动，劳动光荣、创造伟大是对人类文明进步规律的重要诠释。劳动可以树德、可以增智、可以强体、可以育美，劳动对大学生的成长具有重要的意义和价值。高校承担着为国家输送德智体美劳全面发展的社会主义建设者和接班人的重要使命，高校的劳动教育承载着立德树人的重要任务。那么，劳动教育应如何立德？如何树人？这就需要教育工作者着眼于学生的思想实际和身心特点，深入思考劳动教育与其他教育之间的关联。宋眉教授等所著的《生生之美：高校劳动教育的审美化研究》以"劳动教育审美"为主旨，揭示了劳动的社会本质，探讨了劳育与美育、德育之间的关系，从生命的自由自觉、理想人格的建构的角度阐发了劳动

---

① 新华月报：《新中国70年大事记（1949.10.1—2019.10.1）（下）》，人民出版社，2020，第1894页。

教育的时代价值、中国特色，以劳动教育来实现大学生审美化的生活和生存，培养大学生主动探求和践行生命的社会价值以及提升精神境界的能力，准确地把握了马克思主义劳动观的要义、中国劳动文化的品格以及高校劳动教育的精髓。

劳动文化蕴含着中华民族生生不息的精神和灵魂，具有树立文化自信和民族尊严、增强民族凝聚力、释放民族创新活力等重要价值。作者很有见解地指出，应"将劳动精神品格、价值观念、文化意蕴等转化为生动的教学内容与情境，在多维空间中建构中国劳动教育的时代内涵与话语体系"，回应了当下高校劳动教育存在的困惑，有助于推进高校劳动教育的内涵建设乃至高质量发展。

该书在阐释审美向度时，将劳动视为人类文化自觉的产物，注重阐发劳动与社会文化发展、主体建构之间的共生关系，揭示了劳动与人的心理、精神的发展需要之间的关联，为劳动教育研究提供了更为广阔的视域。在论证铺陈中，作者具有较强的历史意识，展现了劳动教育从古至今的发展脉络，从人类文明发展与中国文化特性的视野得出了较为客观的结论，为中国劳动文化的传扬及新时代的劳动文化自信提供了历史依据。例如，书中指出，"人们通过劳动将自身的情感、理智、意趣、智慧等投射在对象上，促使劳动成为特定历史时空中人类审美实践行为与意志不断积淀的产物，这也对劳动教育如何塑造主体性提出了更高的、文化与审美上的要求"，应该将劳动视为"最有温度、最鲜活、最具生命力的人类社会实践"，从而"不断生成新的社会价值"。这些观点都较为准确地阐发了劳动实践的本质，同时也建构了观照劳动文化发展的时空之维。

该书注重以劳动教育规律观照高校劳动教育实际问题，从规律性与目的性相符合、理性与感性相结合、真善美相融合等角度，对高校劳动教育的审美化路径做了深入探索，将劳动教育的应然价值体系转化为实然育人方法体系。在育人方法中，该书从学生的审美心理、审美经验、审美态度、审美趣味、审美理想、审美能力和审美人格等方面，着眼于劳动实践过程的开展，特别是在劳动情景的创设中，汲取了心理学、社会学的有益做法，阐发了新时代高校劳动教育的机制与规律，将审美化落到了实处，创新了高校劳动教育的方法路径。该书还从人与自然、社会、文化、科技的关系出发，揭示了高校劳动教育内蕴的"生生之美"：高校劳动教育植根于中国社会现实、承继文化根脉、紧跟时代发展，是对新质生产力发展、科技发展、美好生活与生态文明建设的积极呼应。

该书探讨的劳动教育与专业育人深度融合的问题是该领域研究较为薄弱的环节。事实上，劳动教育的实施不应该与专业育人脱节，二者的共生互促体现了科学的育人规律，也为劳动教育的落实落地提供了必要的保障。该书结合民俗劳动教育、环境劳动教育等具体问题，探讨了教学过程与环节中的关键构成，提出了"生态劳动"这一较有新意的概念，阐释了"生生之美"的丰富内蕴，并以"知、感、行"建构学生劳动发展的内驱力，探索了美好生活教育、可持续发展教育与专业知识教育有机统一的课程内容体系、思想政治话语体系，有助于劳动教育的深入实施。在多元领域和场景的教学案例分析中，该书也十分注重分析学生对价值观的认同机制与思维能力、综合素养的培养，这些探索有助于高校劳动教育的革新。难能可贵的是，该书还体现出国际视野，以奥地利的高校生态劳动教育为个案，深入分析了奥地利的做法和经验，为我国高校劳动教育发展提供了新的思路。

总体上看，该书将宏观视域与微观解析相结合，对高校劳动教育的价值内涵与教育方法做出了具有学理意义和实践价值的可贵探讨，对创新新时代高校劳动教育的理念和方法具有重要的参照价值，为提升高校劳动教育的实效性提供了有益的思路。当然，如何充分发挥和彰显高校劳动教育在新质生产力发展、现代社会文化建设、中华民族现代文明建设中的作用，还需要研究者投入更多的精力进行长期、深入、系统的研究。同时，从劳动教育的未来发展看，如何适应劳动形态的变迁、教学理念与方法的迭代更新，如何应对数智时代的挑战，如何赋能新文科、新工科的建设，也需要研究者不懈地探索。

我们期待高校劳动教育在新时代新征程中展现更为亮丽的风采、取得更为喜人的成就，为培养让党放心、爱国奉献、担当民族复兴重任的时代新人做出更大的贡献。

王习胜

安徽师范大学马克思主义学院

目 录
CONTENTS

引 言 / 001

第一章　劳动教育审美化命题的提出 / 008

　　第一节　劳动教育与审美的基本关联 / 009

　　第二节　劳动教育中的审美向度 / 036

第二章　高校劳动教育审美化的价值与逻辑 / 054

　　第一节　高校劳动教育审美化的价值 / 056

　　第二节　高校劳动教育审美化的逻辑 / 077

第三章　生态文化自信下的高校劳动教育审美化实践 / 096

　　第一节　环境劳动与生态共富 / 097

　　第二节　民俗劳动与文化再生 / 140

第四章　高校生态劳动教育与专业教育的同向同行 / 165

　　第一节　生态劳动教育融入专业人才培养的实践探索 / 167
　　第二节　生态劳动教育与创新思维培养 / 194

第五章　高校生态劳动教育的国际视野——以奥地利为例 / 229

　　第一节　国外高校生态劳动教育现状与奥地利的教育经验 / 230
　　第二节　奥地利可持续发展奖 / 234

结　　语 / 263

参考文献 / 267

引　言

当代中国高校的劳动教育需体现马克思主义劳动观的中国化、中华优秀劳动文化的当代化逻辑，建构新时代高校劳动教育的价值体系，同时遵循劳动教育的科学规律：劳动教育是人生、人性、生命的教育，着眼于改造、完善和发展主体自身，充分发挥主体的能动性，树立正确的世界观、人生观、价值观，塑造全面发展、与社会相协调的主体。从这个意义上说，我国的劳动价值观具有深厚的历史积淀与丰富的时代内涵，而大学生能否认同和树立劳动价值观，是考量劳动教育长期的、深远的效用性问题的关键。

但是，当下的教育实际却往往未充分以学生中心为导向、以全人发展为视角、以现世生存为依托、以自由自觉为内驱力，并缺乏科学的、系统的教育引导机制，导致大学生在价值观认同中陷入困境。此外，在自媒体信息化时代，大学生容易迷失自我、否定自我，产生自我认同危机，沉迷网络虚拟世界，这导致其远离现实、漠视社会、疏远他人，拜金主义、享乐主义、极端个人主义等错误价值观的输入和影响，更是加剧了这一困境。同时，大数据、人工智能、虚拟现实、核心算法、区块链等一系列科技应用和业态迭代升级，促使劳动形态场景、劳动者素养构成、劳动教育方法皆发生了变革，也赋予了劳动价值观新的内涵。数字化、网络化、智能化、特色化、个性化发展对大学生的价值观认同机制提出了新的要求，而目前的教育引导机制尚无法与之相适应。基于此，研究者需要正视现存问题，回应新挑战、新要求：一是真实，以创新育人机制强化劳动价值入心入脑；二是求实，以劳动实践革新教育理念、充实价值内涵，从而提升育人实效；三是落实，以科学方法建构话语体系、审美逻辑、主体经验，从而保障育人质量。

随着国家大中小学劳动教育实施方案的逐步落实和深入，国内近几年出现了不少相关成果，主要集中在新时代高校劳动教育的价值内涵、马克思主义劳动价值观、劳动教育与美育等其他教育形式的有机关联、劳动课程的教学方法等方面。在宏观层面上，主要有对马克思主义劳动观、劳动教育本体价值、劳动教育文化价值等的研究，也有学者提出劳动教育即生活、生命教育的观点，客观揭示了劳动教育的本质与机制。在劳动教育与其他教育的有机关联方面，主要体现为对劳德关系、劳美关系及育人路径的研究等。在微观层面上，主要有对乡村劳动教育的研究、对劳动融入高校课程的研究等。这些研究成果揭示了劳动教育的价值目标、总体规律与基本方法，但相对忽视了对教育机制的深入研究，尤其缺乏对劳动价值话语的系统建构、对价值认同逻辑理路的阐发、对劳动育人支撑体系的探索。一些研究关注大学生劳动价值认同及教育机制、学生全面发展视角下的劳动教育心理效应、劳动教育的审美情境等，揭示了部分教育规律，但总体上仍显得局部化、碎片化，未能形成整体视域、立体架构、严密逻辑与系统方法。

近几年有一些劳动教育相关教材相继出版，整体上看，其重价值观输出、轻学生导向，多以通识教育为主，缺乏生态和谐视域下的价值内涵与话语体系建构。从高校劳动课程开设情况看，也在一定程度上存在教学理念和方法陈旧、学生获得感不足等问题，教师虽强调学生劳动精神品质的形成，实际上却更重视劳动知识技能的习得，而较为忽视教育过程与教育效果，尤其是劳动教育长期、深远的效用性问题。与此同时，劳动教育具有显著的时代性特征，随着劳动在手段、形态、场景等方面的不断丰富和发展，以及新领域、新业态的形成，我们迫切需要革新教育理念、模式与方法，而目前相关研究较为滞后。

马克思主义把劳动视为一种现实的、生动的、积极的主体实践行为，人通过劳动自由自觉地对主观和客观世界进行变革、创造，因而劳动也是实现人的存在价值、生命意义的基本路径，由此揭示了劳动的本质，也为劳动教育指明了方向。蕴含在马克思主义劳动观中的"自由发展"思想与"美的规律"，为高校劳动教育点燃了灵魂之光；蕴藏在中华传统文化中的道德人伦、工匠精神为之提供了深厚的思想根基；劳动的现实品格与日常生活审美化实践则为之架构了充满生命活力的空间。本书正是基于劳动的本质与品格，开展劳动教育问题的针对性研究，力图以生态之维、审美逻辑来加以观照，立足于劳动教育应有而未全面实现的价值,着眼于劳动实践的生命力、过程的情感温度,从中华劳动文化的丰厚底蕴中、从劳动教育丰富的现实内涵与鲜明的审美品格中,寻求发挥劳动教育效能的新的生长点。

本书基于对大学生劳动价值观的认同困境分析,探析症结所在;以学生发展为中心,以问题为导向,以劳动教育本质特征为依据,以主体"真善美"统一的实践为内驱力,探索以培育"完整的人"为终极目的的价值认同机制;以"生生之美"为整体视域,全面探索价值内涵建构及认同策略、价值内化的逻辑理路与支撑要素体系。具体目标如下:其一,立足劳动教育之本然,将劳动教育及价值认同视为建构主体精神世界和社会体系的重要途径,以及促成人、自然、社会和谐的重要动能,聚焦真善美在劳动中的融汇、主体理性与感性的统一,全面拓展劳动的社会价值与育人价值,以和谐生态之维建构价值体系与话语体系,探索价值共情与认同机制。其二,体现劳动教育之必然,将劳动教育及价值认同视为主体通过自由自觉的实践达成生命意义与人格塑造的能动过程,聚焦美好生活中的融涵式超越,凸显审美实践中的情感体验、日常生活中的感性生命实现,着眼于深层审美心理结构的生成,发掘融通认知、道德与审美的"价值内化"机制,探索审美能力与人格的培育路径,全面阐发劳动教育审美化的逻辑理路。其三,面向劳动教育之应然,将劳动教育及价值认同视为主体完整经验建构与生成的能动过程,聚焦具身式的完整体验、审美场景中的空间意义建构、个体自由性与普遍必然性之间的统一,着眼于劳动教育及实践场景中的主体与客体、介质与环境及主体间性等要素，全面探索价值认同的支撑体系及科学的教育规律。

本书的研究重点在于，以学生发展为中心，以全人培养目标与现存问题为导向，观照学生的认知、感受、思维、行为全过程，围绕"劳动创造美"及其求真向善的内核，探索价值认同机制，推动价值内涵话语、方法策略、规律路径一体化完善与革新；以马克思主义劳动观为引领，以中华传统劳动文化精神为根脉，以当下中国社会现实生态为土壤，以生态文化自信为内涵，围绕美好生活建设、新质生产力发展与文化创新，从人—社会—文化—科技多维度建构审美视域；以审美逻辑贯穿全过程，探索学生审美态度、审美能力、审美人格与深层审美心理结构的形成机制，注重求知与求真、求善、求美的有机关联与协同性，在日常生活审美化语境下探索学生对价值观的"内化—建构"机制策略；以育人场景为载体，贯穿全景式场景教学方法，探索主体、客体、介质、环境有机协同，以及主体间的交互促进价值认同的方法路径，探索数智化生态下的认同策略。整体研究思路方法如图0.1所示。

从研究价值来看，现有研究较多聚焦劳动教育价值内涵建构，较为忽视入心入脑的育人机制、环节及要素，缺乏以学生为中心的视角，也缺乏对劳动价值认同、劳动文化传扬及主体建构等问题的深入研究。本书弥补了这些短板。同时，学界现有研究也有待围绕新质生产力、科技发展、社会生态系统中的劳动特质及形态变迁，深入探索主体与外部环境的协同机制，实现人的需求、社会发展与生态保护的共生，而本书在这些方

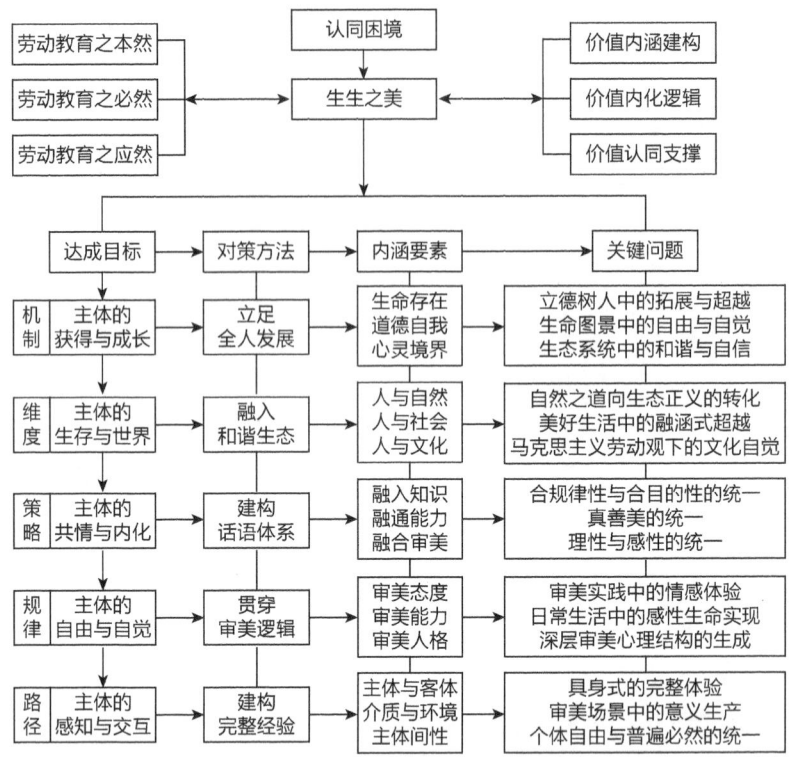

图 0.1 本书的基本研究构架与重要问题

面进行了探索。从实际价值来看,一方面,本研究成果有助于阐发科学的育人机制和规律,提升劳动教育立德树人、全面育人的实效,促使劳动教育、主体建构与社会发展相协调、与时代发展相适应,更好地发挥劳动教育在新时代生产力发展、社会建设、文化创造中的重要功能,同时通过劳动教育将中国经验传承下去,将中国实践发展下去,这有助于持续创造、传承、发扬具有中国特色的劳动文化。另一方面,本研究成果有助于培养具有健全人格的公民，促进大学生各方面能力的全面、协调发展，促进其与自然、社会和谐共生，树立主人翁意识、集体主义观念等，认同劳动价值观与社会公序良俗，懂得相互尊重、平等相待、团结合作，学会理解、包容和共情，更好地实现生命存在、建构道德自我、提升心灵境界。

除了上述内容，本书还介绍了国外劳动教育与绿色低碳教育协同并行的经验，能为我国生态劳动教育的开展提供经验借鉴。当然，限于时间和精力，一些难点问题仍有待日后深入持续的研究，如在新时代经济文化科技发展的趋势下，如何与时俱进地建构生生之美的向度与完备的话语体系，以劳动教育的内涵式发展提升劳动价值认同的科学性；在日常生活审美化的语境下，如何将劳动价值话语全景式嵌入个体精神生活、政治生活、日常生活经验世界中，以主体生命价值、情感价值、协调价值的建构提升劳动价值认同的实效性；在劳动形态场景及教学方式方法革新的背景下，如何为主体情感结构的生成提供科学的支撑体系及方法体系，以提升劳动价值认同的持久性。

第一章
劳动教育审美化命题的提出

劳动教育，从其本质上看，并不是孤立于其他教育的。在价值上，当代劳动教育主要显现为契合特定的社会需要，促使学生自发自为地追求人生幸福和生命意义，塑造健全的人格与情怀，实现特定的思想观念、政治观点、道德规范、审美趣味在个体身上的情感内化与实践外化。在实现方式上，当代劳动教育主要体现为教师有计划、有目的地对学生施加影响，通过遵循劳动品德及素养的形成规律，采用丰富多样的途径与系统的方法，充分发展学生的思想、政治、道德、审美等多方面素质的教学活动过程。

"劳动教育的审美化"这一命题的提出，源自劳动教育的上述本质及其现实内涵，目的在于揭示劳动教育的科学规律，促进当下我国劳动教育的发展与革新。因此，可以说，这一命题是从劳动教育的本质而来，到劳动教育问题的针对性研究中去。长期以来，我国的劳动教育关注学生劳动精神品质的形成与劳动实践技能的习得，而较为忽视对教育过程与教育效果的观照及研究，较少关注劳动教育实践本身的效用性，尤其是长期的、深远的效用性问题。而以审美向度来加以观照，正是立足于劳动教育应有而未全面实现的价值，着眼于劳动教育实践的生命力、过程的情感温度，从劳动教育的本质及其丰富的现实内涵中，寻求提升劳动教育效能的新的生长点。毕竟，缺少温度的劳动教育，其生命力与有效性都将受到抑制，而缺失审美的劳动教育，很难形成持久的生命力与有效性。

当下，劳动教育需面向未来，致力于实现人民对于美好生活的向往，因此我们需要面向时代，深入探求实施劳动教育的科学规律，全面阐发其价值，实现其效能。本书也希望探寻劳动教育与审美的内在关联，挖掘其本有的审美向度，从当代劳动教育、现实的人、审美三者的内在关系及相关要素出发，进行劳动教育方法的系统研究、审美实践视角下的劳动教育实效性研究等。当然，无论劳动教育的价值还是善美的内涵都是与时俱进、不断发展的，唯有始终立足于中华民族的伟大复兴，关切人类理想、人类命运，坚持先进文化价值导向，才可能把握劳动教育的科学规律。

第一节　劳动教育与审美的基本关联

中华文明在五千多年的发展历程中，逐步形成了向善求美的文化传统与人生哲学，而中国人对善美的自觉追寻是通过贯穿于实践之中的认知、评价、审美等社会活动来达成的，是主体在日常生活中进行道德实践、审美实践的结果。钱穆将中国文化描述为"在日常生活上寻求一种富于人生哲理的幸福与安慰"[1]。这一论述揭示了中华文化繁荣和永续发展的基因——始终闪耀着人文光辉,离不开主体对文化理想的自觉追求。儒道传统对和谐之美的追求,在主体的社会实践中内化为精神理念、价值观念,最终塑造了中国人的理想人格与人生哲学,积淀成为集体无意识的观念。

社会和谐是真善美的统一。不同于揭示事物本质与规律的"求真","求善"和"求美"更依赖于主体需求与客体属性之间的和谐,更能生发出人类精神的自由境界。在劳动教育过程中,学生所进行的不是一般意义上的社会生产、生活中的劳动或者以"求真"为目的的认知实践,而是融合了认知、道德与审美的综合实践。这一实践的重点并非解决"是什么""做什么"的问题,而是解决"为什么"以及"应该如何做"的问题。通过解决这些问题,学生才能把握劳动的价值,把握主客体和谐、社会和谐的规律,并在劳动中培养道德情操与人性人品,改造自身,完善和发展自身,充分发挥自己的才能与价值,而这样的劳动也必然让学生心灵震撼、精神激发、情趣盎然、审美愉悦。

由此可见,劳动教育具有强烈的重德求善的价值取向,具有明显的伦理色彩。对于大学生来说,劳动教育是弘扬理想信念、道德规范以及形成文明社会风尚的重要途径。但值得注意的是,劳动教育也是培育"完整的人"的实践。劳动教育之所

---

[1] 钱穆:《中国文化史导论》,九州出版社,2011,第237页。

以具有这样的特性，是因为其过程实现了主体与客观对象之间的和谐统一，以及主体的社会生存、道德自我、生命存在、心灵境界之间的和谐统一，同时以情感体验为基本动力，将道德评价升华、内化为审美能力与审美人格。从这个意义上说，劳动教育天然地是一种人生、人性和生命教育，是达成主体"真善美"的内在统一的实践。这里，劳动与审美实践息息相关，显现为主体在劳动过程中，依据自身与外部世界之间的关系、认知与经验结构来赋予客体对象价值，并不断培养和发展自身的感性能力，如感受力、判断力、想象力和创造力，最终在感性、情感、理性、意识的综合作用下塑造健全高尚的人格和理想的人性，持续不断地为主体创造美好生活与美好人生提供动力。简而言之，"真"与"善"赋予了劳动教育内容的合理性，而"美"赋予了劳动教育生命力，审美实践超越理性和意识，激发主体自由的生命活动，让主体在劳动中意识到生命的价值，尊重和热爱生命。

一、劳动与美的本质上的相通

在哲学史上，黑格尔首次对劳动进行了阐释，认为劳动是主体参与客观世界的重要行为方式，人类通过劳动否定对象的纯粹自然形式，塑造了世界，同时自身成为一种有意识的、自为的存在，即通过劳动实现了自我确证。

马克思则将劳动视为主体自由自觉的、本质力量对象化的实践活动，并且以同样的观点阐释了劳动"美"的本质。他曾在《1844年经济学哲学手稿》中指出，动物只是按照它所属的那个种的尺度和需要来构造对象,而人却懂得按照任何一个种的尺度来进行生产,即按照美的规律来构造对象。[①]显然,马克思对劳动的理解超越了主观唯心主义,他把劳动视为一种现实的、生动的、积极的主体实践行为,认为人通过劳动自主自觉地对主观和客观世界进行变革、创造,因而劳动也是实现人的存在价值、生命意义的基本路径。马克思的这一观点科学、客观地揭示了劳动的本质——自由自觉的主体性实践,这与古希腊或者中国古代统治阶层长期将劳动视为不体面的"鄙贱"之事的看法大相径庭。正如南宋辛弃疾在《鹧鸪天·晚岁躬耕不怨贫》中所说:"若教王谢诸郎在,未抵柴桑陌上尘。"再看梁人到溉,即使做了大官,还因祖父曾挑过大粪而被耻笑。

马克思的劳动观更为重要的意义在于凸显了"主体性",或者说生命存在,从根本上满足了人的需求,这就在劳动与审美之间架起了桥梁。从现代心理学研究来看,人的需要及其满足过程是人区别于其他生命的本质,主要包括生理性、物质性的基本需要与心理性、精神性的发展需要。在实践唯物主义看来,主体性强调的是人的精神能动性、思维的建构性、人的个体存在、非理性和意义世界,但主体性的建构并不是抽象的、主观的,而是离不开人的生理性、物质性需要的,也是离不开劳动的。因此,有人会产生疑惑:劳动固然是促进社会发展的动力,人们也可以从劳动中感受到求善的价值与道德意识,但

[①] 马克思:《1844年经济学哲学手稿》,中共中央马克思恩格斯列宁斯大林著作编译局编译,人民出版社,2014,第53页。

对于个体来说，现实生产、生活中的劳动往往是辛苦的，怎么可能让人觉得快乐和满足呢？劳动怎么会是美的呢？持这种看法的人实际上没有深刻理解人的本质、劳动的本质和美的本质。

生理性、物质性的基本需要与心理性、精神性的发展需要，总是随着人类社会的发展而不断演进的，前者趋向文明化和审美化，后者趋向自由化和审美化，而这两类需要的发展和实现都与人的自由劳动密不可分，人类正是在劳动中不断建构着主体性。以人最基本的生理性、物质性需要——饮食来说，人类学和考古学都能证实这种本能如何在长期的社会实践中进化为文明和审美实践，并最终构成一个民族特定的饮食文化"情结"，即无意识或潜意识。观看《舌尖上的中国》等电视节目时，许多国内观众以及海外华人会对这一"情结"产生共鸣和认同。从食以果腹、追求营养健康，到讲究食物的色、香、味、形，再到精美的器皿与炉火纯青、随心自由的烹饪技艺，以及别出心裁、富有诗意的菜名，都印证着人类的饮食本能与劳动行为已经演化为中华民族引以为豪的文化基因和文化遗产，充分显示了中华民族的生存智慧与精神境界。这种饮食文化还塑造、约束、协调着人与人、人与社会的关系，发挥着实现特定群体内部的个体相互尊重和自我认同的功能，满足了人们对安全和爱的心理需求。由此，饮食文化在人的劳动实践中逐步成为民族、家族约定俗成的习惯和规则，成为一种世代相传的民俗文化，而当这些民俗文化积淀成为一种"情结"时，物质性的需要就更明显地转化为自觉的本能规范和精神性需要了，主体就自然而然地从劳动中感受到了美。正因为这样，民俗文化往往成为劳动与美水乳交融的重要载体，参与民俗活动也成为主体在劳动教育场景中激活审美体验的重要途径。

早在古希腊，哲学家们就对"美的本质"展开了探讨。例如苏格拉底提出美善统一的观点，认为善的事物必定也是美的；柏拉图提出美是"美本身"或"美的理念"，认为美源于感觉的快乐、合适有用以及有益于善等。近现代哲学家们对美的看法更加多样，例如叔本华将美视为"意志"的客体化；弗洛伊德将美视为"性"的升华；桑塔亚那将美视为一种"固有""客观"的价值；车尔尼雪夫斯基则做出了美是"生活""生命"的论断，认为凡是显示出生活或使我们想起生活的就是美。总体上，哲学家们对美的看法都与善或真息息相关，都源自人类对于外部世界以及自身的审视。相比较而言，马克思从人类具体的社会历史实践的视角出发，第一次赋予了美实践性的本质，他将美视为人的主观能动和客观世界相结合的实践产物，由此摆脱了抽象的形式与思辨。在《1844年经济学哲学手稿》中，马克思不仅提出了"人也按照美的规律来构造"的观点，还提出了"劳动创造了美"这一见解，可见劳动与审美的密切关联是由劳动和美的本质所决定的，两者都是人类在社会历史中改造世界、求真求善、确证自身的自由自觉的实践成果，两者的价值都在于实现主体与客观对象之间的和谐统一，确证主体自由的生命存在。

不仅如此，在笔者看来，两者还是相互促进的关系。拥有良好的审美能力与人格、具备丰富的想象力和创造力、情感充沛的主体，必然能够在劳动实践中洞察对象的特性，开展富有创意的改造行为，获得更丰富深沉的生命感受。而脱离了劳动实践的主体是无法真正体验美的。只有在自由自觉的生产生活实践中形成价值观念、审美能力、审美人格时，主体才能对社会美、自然美、艺术美以及人自身的美做出符合人类文明进步、生命自由的判断、感悟和创造。从根本上说，劳动与美的相通之处，就在于两者都是人类发展的需要，都蕴含着人类合目的性（善）与合规律性（真）相统一的规律。

在我国造物工艺史与美学史中，劳动与善美之间同样有着无法割断的关联，形成了以"和"为核心的造物精神。但是，儒家和道家对此有不同的阐发。具体来看，儒家的造物原则是为义、为礼，注重从社会人际关系（天道、天理的显现）的角度来看待造物劳动的价值，强调造物应以承载社会道德观念为目的，故而有天子九鼎之说、春秋礼崩乐坏之忧，相应地在主体的精神世界与思维建构上，趋向以理性主导感性。道家则认为造物需应之以人事，顺之以天理，行之以五德，应之以自然，然后调理四时，太和万物；造物劳动不应为功利所驱，不应在对象上留下刻意雕琢的痕迹；同样，造物工艺技巧的习得也只能靠主体的内心去体悟，且这些技巧无法以某种科学概念、规律加以总结，言传于他人。显然，道家的造物精神注重的是人与对象的"和"而非人与社会的"和"，认为造物的价值在于体道。道家尤为强调主体在物我两忘的境界中获得精神愉悦、达到生命自由的实践方式，在主体的思维建构上趋向以感性主导理性——为了体道，工匠应当"绝圣弃智""离形去知"，才能实现"以天合天"。

道家的造物精神也普遍反映在《考工记》《髹饰录》等经典文献中。宇宙精神是中华工匠的最高信念，它不仅体现了古代工匠对自然宇宙的敬畏，还体现了其取法自然宇宙的造物思维。正所谓天有时，地有气，材有美，工有巧，只有符合这些要求的造物才是合乎道的、对人有益的，这种思维方式构成了工匠造物的基本行为模式。工匠不仅尊重对象的自然特质，还在物我融合中成为"智者"，即在思想上超脱体力上的付出，将造物劳动的价值引向更高级的、对精神世界的锻造，进而为中华工匠精神的形成奠定了基础，为富有创造性的审美实践建构了广阔空间。《考工记》中常常以天地之气、日月之象来比拟造物工艺，《髹饰录》中也大量出现了以"日辉"比拟"金"、以"月照"比拟"银"、以"电掣"比拟"锉刀"、以"露清"比拟"桐油"等情形。这一方面说明工匠在造物活动中能感悟宇宙阴阳相生、运行不止的奥妙，以之来把握物我之间的关系并指导造物实践，将自身的审美体验自觉融入造物实践中，充分发掘材料的美、造型的美、装饰的美；另一方面也说明工匠需要以审美的生存态度和游心的境界来认知现实世界及自身生命存在，要以自己对世界、对生命的体悟来造物，排斥任何世俗功利目的。不仅如此，《髹饰录》将工匠造物视为圣者或神者进行宇宙造化的思想，确立了这一职业对于营构社会体系的价值，为当下劳动价值的研究提供了重要启示。

总体上，道家的造物精神凸显了主体与客观对象之间的和谐统一与主体自由的生命追求，孕育了中国的造物文化基因，为中国工艺美术的发展提供了独特而宝贵的思想资源。但是，人类社会的造物实践是无法脱离真与善的，造物总是为了某种目的而进行的，也必然要遵循客观规律。《髹饰录》中比拟式的审美方式与认知方式，依然隐含着主体对对象属性的客观认知（以"日辉"形象地呈现出金属特有的闪耀光泽）与制造规律的合理运用（以"电掣"生动地展现了工匠熟练、快速运用锉刀的情形），实质上反映了物的尺度与人的尺度的平衡，以及主体现世经验与生命体悟的融合。与此同时，《髹饰录》给工匠造物提出了非"荡心"与非"夺目"的美学标准，反对"淫巧荡心""行滥夺目"，这无疑是对当时社会主流的求善求用价值的反映，凸显了追求朴素与致用的造物行为规范及审美理想。《髹饰录》中对造物行为规范的阐述也十分具有伦理色彩，充分显现出儒家思想的渗透，体现出古代社会对于工匠的诚信品质及敬业精神的强调。

正如荀子调和儒、道造物精神，认为造物既应服务于人的需求，也不应违背对象本身具有的属性一样，造物精神、价值、方法、制度规范、审美理想实际上都是在特定社会的主体生产生活实践中形成的。所谓"文质彬彬"的美学追求，就是工匠所造之物的内容与形式之间的恰好得当，以及社会功能与材质特点的合理融合，体现的正是真善美的融汇，人伦与自然之道融为一体、物之尺度与人之尺度合而为一、现世经验与生命体悟相生相成，主体由此获得造物知识、技能与美感，主体的思维建构也逐步达成了感性与理性的平衡。

在辞书之祖《尔雅》中，美既被解释为"壮伟""辉煌"等美学范畴，又被解读成"德行高迈""信守不渝"等道德范畴，体现了审美与道德之间的关系，可见美较早地具有了道德审美的属性。古人关于美善合一的思考，还体现在儒家的诸多观点中。如"子谓《韶》，'尽美矣，又尽善也'。谓《武》，'尽美矣，未尽善也'"[1]。此外，《论语》也多次提及美，赋予美以"善"的内涵与令人愉悦的情感体验，强调主体的能动性与精神建构功能。儒家不仅将善视为美的价值，还将审美视作陶冶心智、情怀的由内而外、不断提升人生境界的重要途径，而无论劳作还是文艺创作等实践行为，本质上都是以承载道德人伦、净化生命为目的的，意在促使主体成才进德。总体上，儒家思想虽然强调劳动实践的社会意义，但始终将人作为要核，因为只有人这个主体才能够发现美、感受美，才能够接受美的教义，也因为只有将人作为主体，社会才能够有序地运行发展，这无疑赋予了实践行为更多的主体建构价值，也赋予了对象丰富的审美内蕴。

从中国人的审美意识来看，世间万物都具有审美意味，审美的对象包含自然、社会、艺术、技术等。人们在审美实践中直观地把握对象的特性，并赋予其丰富的意味，对象也因此具有了情感色彩与人文魅力。例如，诗人、画家往往以"比德"的方式来描绘自然对象，赋予其人格色彩。这种实践过程类似于荣格对"移情"的阐释，即通过情感媒介使得客体对象同化

---

[1] 杨伯峻：《论语译注》，中华书局，2006，第36页。

于主体，或者说主体的生命进入了客体。曾繁仁将中国人这种独特而鲜明的生存与审美方式总结为"生生之美"[①]，可谓准确地揭示了美所具有的伦理道德内蕴与精神品格。我们无法忽视的是，在文艺创作之外，与日常生产生活相关的大量物质与精神产品都具有丰富的审美价值，都是对生生之美的显现。当然在笔者看来，生生之美的内涵不止于此，关于这一点我们将在后面展开论述。

以我国民间女红为例，它兼具实用与审美功能，充分呈现出女性在创造性的劳动活动中生发出的智慧与情感。这种智慧与感受皆源自女性特定的生存状态，显现出个体生存与自然、社会环境之间的和谐统一。从造物设计和审美理想来看，民间女红一方面呈现出女性对自然物象的感性体验与移情，另一方面则真实地反映了女性的生活经验与价值追求。比如在色彩上，民间女红以"蛋青""天蓝""枣红""葱白""鱼肚白"等感性的认识来命名，其纹样具有祈福纳吉等符号功能，而符号化的形象之中也蕴含着丰富的、个性化的情感，天人合一的美学追求、明确的社会价值、强烈的感性色彩在民间女红文化中融为一体，并在主体身上实现了和谐（见图1.1、图1.2）。从女红的当代传承和创新来看，在当下各种因素的冲击下，这些传统造物精神和价值依然具有很强的生命力，这种文化及智慧在当代人类文明以及审美文化语境下也具有不可替代的价值。

---

① 曾繁仁：《生态存在论美学视野中的自然之美》，《文艺研究》2011年第6期。

图 1.1 清代缎地刺绣荷包 1

(源自:俞晓群、王露芳:《中国古代丝绸设计素材图系·小件绣品卷》,浙江大学出版社,2018,第 92 页)

图 1.2 清代缎地刺绣荷包 2

(源自:俞晓群、王露芳:《中国古代丝绸设计素材图系·小件绣品卷》,浙江大学出版社,2018,第 93 页)

综上所述,作为中国古代造物劳动的核心价值,"和"是中国哲学的整体性思维特征的体现,也充分显现了社会价值观念、审美对主体及造物文化产生的影响。一方面,"和"体现为造物实践与社会文化生态相契合,积极承载社会功能,具有极强的时代意义和文化价值,中国工匠往往对社会具有高度的责任精神;另一方面,"和"体现为主体与客体之间生命情调的交融深化、造化与心源的合而为一,蕴含着主体对情感的需求、对生活的热爱、对生命的渴望,工匠以生命体验来观察自然对象并自觉营造精神世界,在劳动实践中凸显了物我感通的思维方式,积极呈现生命关怀,实现了造物劳动和人生的深度融合。"和"是中国儒道哲学、社会道德及理想人格的集中显现;相应地,在美学思想上,"和"便是中国人生存态度、生存方式的写照,以及在对待客体对象、把握实践方法与技术等方面所呈现出的思维方式与审美态度。

说到底,"美和审美是人的社会关系的总和的本质的对象化"[1]。审美不能脱离鲜活的现实生产、生活、劳动,劳动则是人类创造美和感受美的必要途径。这不仅在我国古代劳动实践中得到了验证,成就了其宝贵的精神品格,而且是人类生存、发展并获得生命自由的合理需求。人类在当代工业技术语境下如何获得精神上的拯救?从哪里去发掘建设社会生态文明的思想源泉?相信我们都能在劳动与美的交融中找到答案。山川湖海、落英芳甸、明月星辰、亭台楼阁、园林叠石,在艺术家的

---

[1] 张玉能:《人的本质力量与美》,《青岛科技大学学报(社会科学版)》2006年第2期,第16页。

静观中转化为如画如诗的风景,但是在劳动实践中,人们获得了美食中的滋味、巧夺天工的惊叹、慈母手中线的温情、奉献社会的灵魂升华,这是丰满的社会美、技术美、人之美赐予的更有广度和温度的审美体验,这是更高级的"天成之美",是更有意义的生存境界。

事实上,我们对于一切美的欣赏都是非官能的审美,因为我们在对社会美、艺术美、技术美、人之美的体验和认知过程中,逐渐超越了感官享受的狭隘,对象也在意义的注入之下进化成了"有意味的形式",在被"人化"的过程中升华成了"自由的形式"。简而言之,美既是客观对象所具有的属性,也是主体通过自由的、合目的且合规律的实践赋予对象的价值。

从与人类的劳动实践关系最密切的生产工具和技术来看,美的价值始终源于人对世界的改造与对生命自由的追求。在大英博物馆里,陈列着180万—200万年前坦桑尼亚奥杜威大峡谷的奥杜威砍砸器(见图1.3)。其锋利的边缘和有意砸出的剖面,正好位于人类的食指和手腕之间,不仅有利于敲击,而且与手掌完美贴合,显现出人类与他们制造的物品之间的关系已经超越了简

图1.3 奥杜威砍砸器

(源自:尼尔·麦格雷戈:《大英博物馆世界简史》,新星出版社,2014,第9页)

单的实用功能，并具有了审美意识的萌芽。到了120万—140万年前的奥杜威手斧（见图1.4），它那泪滴形状的造型已经显现出人类十分出色的制作技术和具有一定审美趣味的塑形能力。到了今天，在感受技术美的时候，我们仍然能看到人类按照美的规律塑造物体的审美理想，以及人类改造机器和技术的力量。

图1.4 奥杜威手斧

（源自：尼尔·麦格雷戈：《大英博物馆世界简史》，新星出版社，2014，第16页）

技术美的发展始终与劳动实践紧密相关，且人们对技术内在的功能性和外在的装饰性的审美感受也是无法割裂的。"对称与均衡""调和与对比""比例与尺度""节奏与韵律""多样与统一"等形式美，从来不是凭空产生的，而是人们凭借现实的、感性的实践活动来表现自己生命的结果。技术美不仅具有伦理价值和道德意蕴，而且体现出人类所独有的、完善的感性，或者说是人类理性与感性的完美融合。归根结底，主体的认知、情感、意志是融为一体的，"非意欲而直觉的合目的性"与"非认识而直觉的合规律性"在美感中达成协同，同时，"审美感受对于认识和意志欲望（意欲）这两大人类心理具有协调、中介的性质"。①

总之，如果把劳动看作特殊的审美活动，那么它可以说是典型的合规律与合目的相统一的活动，是人的自由本质的对象化，劳动的意义绝不只是认知论和价值论意义上的，也是生存论意义上的。劳动在本质上是与美相通的，它们的终极价值都指向人性的完善，人只有在对自我生命的观照和审视中，才能真正体悟劳动的生命活力，而只有当主体以这样的态度来从事劳动时，劳动才能真正促进人的全面发展。

二、劳动教育与美育相近的育人观念及机制

当代劳动教育是"国民教育体系的重要内容，是学生成长的必要途径，具有树德、增智、强体、育美的综合育人价值"②。这一论述凸显了劳动教育在培养人的过程中的重要地位，也揭示了五育融合的育人路径，揭示了劳动教育与德育、智育、体育、美育之间的紧密关联。

总体上，中国特色社会主义劳动教育的目的就是培养具有劳动知识、劳动技术素养、劳动精神、劳模精神、工匠精神，辛勤劳动、诚实劳动、创造性劳动的德智体美劳全面发展的社会主义建设者和接班人。③从教育学的角度来看，塑造全面发展的人是教育的终极意义，这也是劳动教育与美育相生互促的重要原因。教育以培养全面发展的人为目的的观念，得到了中

---

① 《美学原理》编写组：《美学原理》，高等教育出版社，2015，第73页。
② 《中共中央 国务院关于全面加强新时代大中小学劳动教育的意见》，《人民日报》2020年3月27日第1版。
③ 徐长发：《新时代劳动教育再发展的逻辑》，《教育研究》2018年第11期第16页。

外教育界的普遍认同，例如，阿弗烈·怀特海认为教育应当是全面的，即既包含注重专业知识训练的智力教育，也包含以艺术和美育训练为主的直觉教育。[①]其中，审美能力、思维能力的培养尤为重要，这些能力能够陶冶学生的情操，使学生在全面发展的基础上塑造个性。

长期以来，中外美学界和教育界都十分提倡"以美育人"的教育观念。亚里士多德的净化说广为人知，中国古典美学诸如性灵说等显现出对审美心理特征的认识，现代学者梁启超、蔡元培等也都在这方面提出过重要的观点。较为典型的是，在我国20世纪五六十年代的"美学大讨论"中，以李泽厚为代表的"实践派"曾围绕人对世界的感性生命体验展开过热烈讨论。梁启超提出"趣味"教育，朱光潜认为教育的功用就在于顺应人类求知、爱美的天性，李泽厚对"新感性"进行了阐释，蒋孔阳强调以美育成就身心健康的完美人生，曾繁仁提出"审美力"，等等。这些论述显现出中国现代美学家们将塑造人视为美育的价值目标，认为美育应以审美实践促使人求真向善，而不是局限在艺术教育的范围内。

近年来，我国越来越注重提升学生的审美素养。2020年，《关于全面加强和改进新时代学校美育工作的意见》指出："美育是审美教育、情操教育、心灵教育，也是丰富想象力和培养创新意识的教育，能提升审美素养、陶冶情操、温润心灵、

[①] 阳黔花，杨芳：《怀特海美育思想探析》，《贵州师范大学学报（社会科学版）》2011年第6期，第24页。

激发创新创造活力。"[1]在这一表述中，美育的实践意义更为凸显，目的就是让学生体会到生活和艺术的愉悦，具有高级的审美趣味，进而追求理想的人生。可见，美育和劳动教育的相通之处一方面在于，都注重对人的道德情操、精神世界的陶冶与提升，都可以被视作对美德的践行、对自我实现的追求，因为"人有了美德才有道德价值；没有美德，人就毫无道德价值"[2]；另一方面则在于，两者都通过教育学生将自己的生命和生活融于世界之中，在实践中发现世界的美与意义，来潜移默化地塑造学生的美好心灵，这就显现出两者在教育机制上的相近。

2018年，习近平总书记在全国教育大会上强调："要全面加强和改进学校美育，坚持以美育人、以文化人，提高学生审美和人文素养。"[3]审美教育不仅需要文化艺术的浸润，而且依赖于主体自身的成长和在实践中生成的内驱力，这样的育人理念反映了审美实践的客观规律，反映了马克思主义关于人的全面发展的思想要义。在"审美"这个词中，"审"作为一个动词显现了主体作为活动实施者的重要角色。按照马克思将审美的本质视为自由的劳动的观点，美是主体在生产劳动中观照世界与自身、掌握事物规律，同时塑造自身的结果，审美不是主体对事物的机械的、被动的反映，而是积极的、富有情感的观察，是主体对对象进行欣赏，从中获得愉悦、感悟、激发等

---

[1] 中共中央办公厅 国务院办公厅：《中共中央办公厅 国务院办公厅印发〈关于全面加强和改进新时代学校体育工作的意见〉和〈关于全面加强和改进新时代学校美育工作的意见〉》，2020，http://www.moe.gov.cn/jyb_xxgk/moe_1777/moe_1778/202010/t20201015_494794.html。
[2] 麦金太尔：《追寻美德：伦理理论研究》，宋继杰译，译林出版社，2003，第213页。
[3] 教育部课题组：《深入学习习近平关于教育的重要论述》，人民出版社，2019，第5页。

价值的过程。简而言之，审美的特性就在于创造具有丰富的、全面而深刻的感觉的人，因此审美活动必然是理性与感性兼备的。

20世纪以来，不少美学家探讨了主体审美的机制，理论成果颇丰。例如，具有主观色彩的美感论强调审美距离的重要性，认为美感仅存在于形式之中，与智性、理性并无关联，主体需要以超脱实用的态度与世界保持适当的距离，才能获得美感。格式塔心理学、弗洛伊德心理学则将美感置于知觉经验中。这类观点强调了审美的超功利价值与心理活动特征，却忽视了审美的实践价值，难以真正阐发审美的生命意义和社会价值。相比之下，马克思强调了自然感官人化的过程，认为五官感觉的形成是全部世界历史的产物。同样，李泽厚在阐释美感时指出："总起来说，美感就是内在自然的人化，它包含着两重性，一方面是感性的、直观的、非功利的；另一方面又是超感性的、理性的、具有功利性的。"[1] 这里的"人化"显现了人与动物的差异性，人在实践中，感官超越了本能欲望，成为一种可以审美的器官，眼睛变成了"人"的眼睛，而耳朵也变成了"人"的耳朵，情欲趋于人化。因此，人的美感超越了生理上的需要和享受，在感性之中融入了理性，在自然与人的特性中融入了社会性，体现了"当前直觉与历史积淀的统一，情感性与认知性的统一，个体愉悦性与社会功利性的统一，个体自由性与普遍必然性的统一"[2]。正是美感的这种兼容性以及丰

---

[1] 李泽厚：《华夏美学·美学四讲》，生活·读书·新知三联书店，2008，第320页。
[2] 《美学原理》编写组：《美学原理》，高等教育出版社，2015，第75页。

富的内涵，使得审美成为劳动教育的重要途径。审美为主体在劳动实践中获得知识的内化、道德的净化提供了必要途径。根据2022年教育部印发的《义务教育劳动课程标准（2022年版）》，学校要有目的、有计划地组织学生参加日常生活劳动、生产劳动和服务性劳动。不少学校纷纷设置"美好学校""美好家庭""美好社会""美好学生"等劳动实践项目，目的就在于让学生在日常生活劳动、生产劳动、服务性劳动中形成劳动技能、劳动价值观和劳动品质，以劳动诠释美、展示美、创造美，通过"以劳育美""劳美融合"，让学生在劳动实践中培育劳动意识和劳动情感，这就扩大了劳动教育的内涵，拓展了劳动教育的审美空间。可见，劳动教育的审美化是五育融合背景下的必然要求，也符合全面发展的育人理念。

从教育机制来看，"情感"是劳动教育和美育相生互促的关键枢纽。"情感"不仅促使学生克服劳动实践中的功利性与消极被动性心态，促使主体成为完整的人，对社会发展起到正向的推动作用，还促使学生在劳动实践中实现道德自我、生命存在、心灵境界的和谐统一。从当代美好社会的建设与治理来看，以主体情感体验为内驱力的教育能够有效促发主体审美官能的感觉，规制其欲望，使其获得高级的想象，在直觉中超越功利，获得对生命意义的领悟。在劳动教育中，教师尤其需要发挥"情感"的功能，促使学生在实践中形成审美的能力，充分运用可感的场景与情境，让学生感受到客体对象的美，充分调动学生的知觉，并关联审美心理、审美经验，促使学生形成一定的审美态度、审美趣味、审美理想、审美能力和审美人格。

实现人的全面发展，是马克思主义思想对人类社会的期许，也是新时代中国特色社会主义发展的任务与要求。劳动教育本质上是全民性的，它与美育的目的一样，旨在培养人格健全的公民，促进人的各方面能力全面协调发展，促进人与自然、社会和谐共生，培养具有民族复兴担当的时代新人。尽管本书围绕高校劳动教育展开探讨，但劳动的育人意义却在不同年龄阶段的群体身上体现出来，劳动教育也能够在不同的空间中开展。例如，社区劳动就是一种形式丰富、效果独特的教育形式，不少社区通过组织居民开展各类手工劳作活动，很好地营造了良好的文明风尚与和谐的邻里关系，让社会主义核心价值观得到了润物细无声的传扬。此外，社会各行各业中的先进劳动个人和群体，也能够引领广大群众向善向美。可以说劳动教育的空间远远超出了校园范围，丰富的场景与多样化的形式都有利于提升劳动教育的成效。

首先，新时代的劳动教育工作者要明确党和国家的劳动教育方针，理解当下劳动教育工作的时代内涵和精神价值，将劳动教育上升到全面育人的高度来实施，坚持立德树人、以劳铸美、以劳铸品。其次，劳动教育要始终与社会相协调，与当代中国文化相适应，要发挥劳动教育在新时代生产力发展、文化建设、文化创造、文化教育中的重要价值。再次，劳动教育要着力于培养全面的感受能力、审美素养，建构美好的心灵世界。最后，劳动教育要遵循科学的育人机制和规律，充分激发劳动教育工作者的创造力，发挥劳动教育的开放性和融合性优势,在五育融合中系统建构课程内容与教学方法,充分拓展劳动教育的场景,注重各方面、各环节的相辅相成。

三、劳动教育过程中多样化的审美场景

如前所述,劳动教育的最终目的是"育人",劳动教育与美育相近的育人观念及机制,决定了二者在育人过程中有着密切交集。只有把劳动教育视为一个教育人、培养人和塑造人的过程,充分发掘其对学生精神世界的激励功能以及对学生审美思维的开发功能,才能真正实现劳动教育的"育人功能"。在此过程中,无论是劳动知识、劳动技术、劳动精神价值观的培养,还是创新思维、创新能力的培养,都离不开主体的实践。学生的制作、思维、创新等能力的获得,不仅依靠知识、技能教育,更要依靠学生在具体实践活动中的习得来达成。从马克思主义劳动观来看,劳动创造了美,劳动就是美产生的载体。因此,劳动教育也是促使学生体验美、欣赏美和创造美的过程,是以劳动实践丰富学生审美经验的过程。从这个"过程"来看,"场景"起到了关键作用。这里的"场景"是生产意义的空间,具有特定的符号寓意。在劳动教育中,无论是课堂、展厅、车间、实验室还是城市社区、田间地头,都不仅仅是开展实践的场地,也是给予主体空间体验的意义系统,是借助设施与行为来嵌入文化意义的"场景",它们与社会经济文化、生产生活产生多种关联,促使主体对其进行辨识、区分,并在其中协调自身的行为。

正如儒家强调道德人伦价值观的"教化"依赖于主体在日

常生活中不知不觉地达成理想的道德审美状态，当代学者也主张："在道德（仁）和生理欲望的圆融中，仁对于一个人而言，不是作为一个标准规范去追求它，而是情绪中的享受。"[1] 劳动教育的审美化，正是要以审美催化、强化劳动"立德树人"的效果。劳动教育的审美化并非形而上的观念输出，或者将美育与劳动进行生硬拼接，而是要提升劳动教育的生命力和实效性，提升劳动教育的感染力和吸引力。因而，在传播价值观时，教师应当"利用各种时机和场合，形成有利于培育和弘扬社会主义核心价值观的生活情景和社会氛围，使核心价值观的影响像空气一样无所不在、无时不有"[2]。简而言之，审美化的劳动教育就是要消除劳动给人的束缚感和强迫感，使人进入自在自为的道德修养、实现自我需要的圆融状态。在这样的目标下，教育过程必然要遵循人的活动的"实践性"，即从全部社会生活的角度来看待劳动实践的本质，重视劳动实践具有的交往性和生产性内涵，而非仅仅注重劳动活动的形式与结果，只有这样的教育才可能富有生生之美的内涵。

说到底，劳动教育作为一种以实践为主的教育形式，十分依赖人际情感的交流和社会生产生活的发展，也十分需要激发学生内在的情感运动。因此，如何充分利用、自觉建构"场景"来消除教师和学生之间的"二元对立"，将"施加"的教育转化为"内化"的教育，如何建设对话的、交往的、共享的空间及思维，如何让教育契合并凸显社会需要、时代需要，同

---

[1] 徐复观：《中国艺术精神》，广西师范大学出版社，2007，第23页。
[2] 习近平：《习近平谈治国理政》，外文出版社，2014，第165页。

时引导学生自为地、能动地追求人生幸福和生命意义，都是劳动教育过程中的核心问题。教师不仅需要言传身教，加强对学生的引导与鼓励，更需要从"人与社会""人与自然"的角度建设丰富的场景，强化和凸显劳动之于追求生命自由的意义。通过有目的、有计划、有组织地建构场景，通过具有感染力的教育过程，劳动教育才能够充分延展其功能，实现对人的世界观、价值观、人生观的内化，让主体认同社会思想观念、政治观点、道德规范。

劳动教育的主要对象是青少年学生，学校扮演了重要角色，但是学校需要与家庭、社会形成合力，共同推进，积极创造条件，让学生在课堂知识与技能的习得之外，更多地走进社会这个大课堂。劳动教育过程中的审美对象与场景丰富多样，既有外在直观的美，也有内在品格的美。例如，器物巧夺天工的美不仅显现了"对称与均衡""调和与对比""比例与尺度""节奏与韵律""多样与统一"等形式美，显现了人如何按照美的规律塑造对象的价值理想，还集中体现了工匠在社会实践中形成的职业道德与造物智慧，因而把劳动课堂"搬到"博物馆里，能够让学生更好地领悟中国工匠精神。再如，当学生在企业或工厂参观机器及流水线生产时，当工程师为学生讲解技术突破对"中国制造"的意义时，这样的场景为技术审美提供了空间，能够让学生超越技术内在的功能性，去感受人类对机器的"审美改造"和"同化"，去领会人类超越机器的能力、改造机器的力量，同时也让学生增强了新时代劳动使命感，能够更深刻、全面地审视技术革新的伦理价值与道德意蕴。

劳动教育场景功能的发挥，关键在于发掘其中的感性力量，使学生超越认识论意义上的学习，获得价值论和生存论意义上的启发。毕竟，人只有凭借现实的、感性的对象才能展现自己的生命。劳动教育的场景应当充分显现审美的本质，以实现人性的完善、人对自我生命的审视为目的，最终促进人的全面发展。即使在数字化时代，审美依然是劳动实践的重要内容。例如，在数字图像设计创作、3D打印等劳动场景中，对虚拟时空的创造性想象与呈现，依然考验着人的眼、手、心的融合相生，显现了人的发展与丰富的生命内涵。再如，以数字虚拟技术保护和传承中华优秀文化的劳动场景，能够让学生从更丰富的维度感受中华文化的审美气象、精神世界，树立文化自信。总之，场景的意义就在于赋予劳动教育以温度、深度，增强劳动教育的信度，消除功利化、工具化的教育方式带来的弊端，让学生在体悟中完成道德精神和审美能力的全面发展。

在审美场景发挥效力的过程中，主体间性与个体性是不可忽视的两个关键点。主体间性超越了狭隘、片面的主体性，相对于自我的主体而言更具有包容性，更显现出对话、理解、移情、共享等价值诉求。从劳动教育来讲，主体间性的重要作用体现在两个方面：一方面，在育人逻辑上注重个体与社会的关系，积极引导学生在场景中建构价值共同体，促使学生将"小我"融入"大我"之中，培养其高尚的人格精神；另一方面，在育人方法上注重人际沟通、共情与精神上的交往，不仅要在教育者与受教育者之间做到人格平等、相互尊重，还要让学生在场景中积极开展与他人的相互理解、协同合作，让自己成为善于思考、懂得倾听、乐于共情的主体。在这个过程中，场景的建构尤为重要。教育的组织者、设计者不仅要精心创造有助于实现主体间性的实体空间与文化情境，还要尽力促使学生与场景中的一草一木、人文风俗等各种环境要素及相关人员充分展开情感与精神上的交往互动，让学生能够自觉地从社会生产、日常生活中寻觅到道德生活的意义与乐趣，深刻理解和认知社会规范的价值所在，在实践中全面提升人文素养，真正成为懂得美、会审美、完整的人。

关于劳动场景如何实现审美功能，笔者后面将以实际案例来进行专门阐述，这里先基于劳动教育过程中的基本要素，从交往互动的角度来对场景的重要价值及审美机制进行初步分析。劳动教育过程要素主要包括主体、客体、介质与环境。这里的主体包含教育主体与学习主体，客体主要指劳动实施的对象（物质性的实体或精神文化内容），介质主要指主体在感受对象、改造对象、创造新成果的过程中所使用的各类器物、工具以及媒介，环境主要指劳动过程所处的各类空间。这四者的有机结合、综合作用，塑造了可交往的、具有主体间性特质的实践与审美场景，同时也实现了场景的审美功能。学生在场景中由受教育者转化为能动的塑造者、实践行为的实施者，能更加直观地洞悉劳动的审美内蕴，更加深刻地认知人与世界之间的审美关系，在人与自然、社会之间形成一种形象的、情感化的亲密关系，这样劳动教育的审美之维在场景中得到了延伸，学生在场景审美中实现了心灵的净化、人格的完善。

再从个体性来看，劳动教育应注重每个个体学习知识、技能的能力与节奏，充分发挥主体在环境中对客体进行感受与想象、运用介质进行思维和创造的积极性，促使学生能够学以致用，并在未来进行持续的自主学习。就此而言，劳动教育必须摆脱传统的填鸭式或灌输式教育方式，不能局限在知识技能的培训与价值观念的传输上，而是要让学生基于个体性需求形成学习的内驱力，在获取知识的基础上，形成处理知识、运用方法、解决问题的综合能力。怀特海将自由和训练视为教育的两个要素，认为教育的开始和结束阶段都以自由为特征，而中间阶段的训练倒是居于次要地位的因素，每个个体的心智发展、兴趣皆具有差异性，教师应让教育过程适应学生的个性发展，给予学生自由的空间，让学生在"劳逸结合"中逐步认识和把握规律、方法，在审美中洞察人与世界的各种关系，才能促成学生形成理想的人格。

在现实的劳动教育中，教师往往因注重训练而忽视学生的自由与个性，导致学生失去创造和想象的动力。值得注意的是，自由的劳动教育并非排斥规则、规范和训练，而是需要凸显主体的作用。我们需要深刻认识到，主体是有目的地、有意识地从事实践活动和认识活动的人，主体性是主体全部活动的自主性、能动性和创造性的依据，教师应充分利用场景的审美功能和各种媒介及信息要素，帮助学生实现角色转化与人格塑造。

第二节　劳动教育中的审美向度

一、劳动教育的现状及问题

"向度"中的"向",有走向、面向、方向的含义,"度"指维度。在劳动教育中,向度一方面是指劳动教育内在的、自有的功能,另一方面是指劳动教育面向其外、走向未来的意义。就审美向度而言,它一方面是指劳动教育内含的审美功能,另一方面是指劳动教育借助审美实现了教育效果的增强。这里之所以提出审美向度,是因为我国当下的劳动教育尚存在不少值得探究的问题与发展空间,教育潜能还有待进一步挖掘和释放。

从我国高校劳动教育的现状来看,还存在外在化、形式化的问题。尽管国家对劳动教育十分重视,出台了相关文件,学校纷纷积极开设相关课程,学界也在近几年涌现出不少探讨劳动教育方法与革新的成果,但这些实践多集中于对新时代劳动教育的价值理念的阐发,而较少对劳动教育机制、过程、影响因素等进行深入、系统的探索,也较少基于实际问题提出真正有效的解决路径。在一些学校,甚至存在将劳动教育等同于专业实践环节教育,以专业教师替代专门的劳动教师实施教学等情形,造成劳动教育流于形式的现象。以较为普遍的"学农""手工制作"等劳动教育方式为例,这些方式虽注重以实践活动塑造学生的精神品格、劳动习惯,并尝试将劳动教育的场所拓展至各类文化场馆,融入家庭、社会服务中去,但整体上缺乏对劳动教育机制、方法、标准规范等的研究，导致学生对劳动教育的丰富内涵缺乏深刻理解，也难以在实践过程中感受到劳动的美，认同劳动与自身发展的内在关联。

从笔者对部分高校学生的调研来看，有的学生无法阐述有关劳动教育的政策文件；有的学生则尚未明确劳动实践的概念，误以为劳动就是简单的体力劳动，就是参加学校的清洁卫生活动、植树栽花、做家务或提供志愿服务等，尚未清晰认知劳动对于个体成长和创新发展的巨大价值。少数学生甚至还存有劳动是脏的、累的、苦的、不光彩的等较为极端的偏见，也还存有诸如"学而优则仕"等狭隘的、急功近利的人生观，以及科技发展让劳动失去价值的错误认识，殊不知未来社会所需要的复合型人才、创新人才，都离不开劳动教育在知识、能力、素养等方面的全面支撑。从高校劳动教育的开展来看，除了在师资、场地上需要提供充足保障以外，还需要在课程内容与教育方法上进行深入探索，不断完善育人机制，同时也需要厘清劳动教育与一般意义上的专业实践实习之间的区别，凸显劳动教育的创新创业核心内容，凸显劳动教育对于全面发展的人的培养作用。

劳动本身是创造力的集中显现，而美是对创造思维、创造品格的生动展现。回归现实、面向未来的劳动教育，需要与时俱进地充实内涵。从工业革命到科技浪潮的到来，教育似乎也变得标准化、规格化了。值得警惕的是，脱离了善与美的知识教育、技能教育，将主体的理性和情感分割开来，让主体丧失了对善恶的分辨、对美好事物的感受，终将变得精神空虚、德行泯灭，失去创造力。五育并举从根本上看，不仅是对"立德树人"教育本质的回应，还是对人类求善、求美的价值理想和不断创新的生命意义的追求，因为只有致力于美好生活的教育，致力于人性的完善、对人自身的关爱的教育，才是符合时代发展、体现时代精神的教育，也才能应对膨胀的物欲，迎接无尽的科技发展。因此，审美向度对于劳动教育而言，既具有现实性也具有超前性，不仅让人们在现实世界中体验到生命的价值和意义，也促使人们为了社会福祉和自身幸福，树立正确的世界观、价值观和人生观，形成科学的劳动思维和创造智慧，能够在社会的发展、生产方式的变迁中，始终守住人之为人的本真，始终与外界维持和谐共生的关系。

面向当下和未来，劳动教育迫切需要与时俱进，避免墨守成规。这里有两层意义：其一，要破除教育形式上的墨守成规；其二，要在教育方法上与时俱进。从既有的劳动教育形式来看，其往往受制于课堂场所及师资的局限性，故而以知识讲授为主，或者采用集体性的、单一化的劳作、制作等活动形式，并不利于学生对生产生活实际的认知，也不利于调动主体积极性。因此，需要尽可能地提供多样化的场所空间与具有不同背景的师资（劳模、工程师、"非遗"传承人等），打造丰富可感的场景与情境，让学生在真实的生产、生活世界中认知和体验劳动的价值，让劳动教育真正回归生活和社会。从教育方法来看，需要遵循以人为本的规律，积极发掘主体的能动性，利用各种环境和介质激发主体对客体对象、行为过程的审美体验，让主体理解劳动的意义，认同劳动精神。

从根本上说，劳动教育的起点是人，终点也是人，因而审美化是劳动教育的本质所决定的，也是其内在的功能。审美向度架构起了人与对象世界的多维关联，也为劳动价值的树立提供了话语空间。从传统的劳动教育来看，无论是体力劳作、技能训练，还是精细的手工制作或社会服务，都侧重劳动的政治属性、社会属性以及劳动成果的完成，相对忽视对个体价值的塑造以及劳动过程本身的审美意义。传统的劳动教育在价值传达上往往采取宏大话语叙事方式，而在实际劳动场景与情境中，个体的感受是与社会风尚、自身的经验结构息息相关的。例如，当下一些高校的劳动教育仍采用与中小学劳动教育相近的内容，显然与青年学生多元化的劳动需求格格不入，与实际生产生活的动态发展、复杂性也相距甚远，这样的教育是无法起到教化作用的。思想政治教育强调"入心、入脑"，劳动教育也是同样的道理，所有教学内容和方法都要以人为中心来进行系统化的设计，让劳动能够真正地关怀人、指引人、慰劳人，塑造人的思想、行为、趣味、德行，服务于人们理想信念、价值取向的形成。

人的发展始终是引发教育供给侧革新的内因。作为培养全面发展的人的重要途径，劳动教育必然以人的需求、人的情感、人的精神世界的建构为中心。我们要不断摆脱工具本位思想，同时也不能固化、封闭，而是要具有世界眼光与国际视野，吸纳世界上多元化的、科学的育人方法。综上所述，作为劳动教育的向度，审美从内在和外在拓展了劳动教育的功能，使其人文价值得以彰显，使生命之泉浇灌在主体实践的土壤中，让劳动实践充满活力，扎根在人类向往的美好生活中，呈现出生生之美。

二、审美向度的价值

在工业技术驱动社会发展的同时，人的自我建构和反思、批判能力也在社会规训下不断被削弱，社会弥漫着对权力的崇拜和物质欲望的膨胀，人的精神世界与价值观日渐消解，逐渐跌入迷茫、沉沦的深渊。这一背景下的人类生存困境，不仅在赫伯特·马尔库塞等学者的研究中得到了关注，也在不少文艺作品中得到了深刻的揭示。以萨姆·门德斯的《美国丽人》《革命之路》等影片为例，我们可以发现，这些影片聚焦微观日常生活空间中的自我认同与反身实践，揭露了被精致和舒适的物质生活所遮蔽的、隐藏在个体自由与普遍平等表象之下的主体真实生存境遇，但每一条拒绝"平庸"、重塑"自我"之路都以失败告终。这样直面主体生存现实困境的人文关怀，引发了西方乃至我国观众的强烈反响。以此为警示，新时代中华民族的伟大复兴与中国梦的实现，必须高扬"立德树人"的旗帜，要传扬中华优秀传统文化中蕴含的道德价值与审美精神，引导当代人实现对物质生活的精神超越、现实中的诗意生存、主体与客体之间的生命交融，在工业技术文化语境下重拾生命意义、重构感性生活。

网络信息时代的到来、多元文化价值的融汇以及虚拟世界的无处不在，让个体的自我建构与认同处于分裂、变动不居的状态，意义世界的建构呈现碎片化的特点。但与此同时，正如安东尼·吉登斯等学者指出的,在现代"后匮乏社会"中,人们的生活价值不再以物质利益为首要标准,而是更关注个体与社会之间的关系,同时社会生活的变化也愈加直接、紧密地与个体生活世界相融合,与"人的自我"相交织。在这样的境况下,人们开始重新思考集体层面以及日常生活中的道德问题与生存性问题,"我们应如何生活"便成了探讨"人的自我""个人的伦理"等问题的中心,也成了揭示权力的生成及其对人类政治、文明和精神的操控性的一种"生活政治"话语,这里的"生活政治"即"生活方式的政治,是认同的政治、选择的政治"。[①]门德斯的《为子搬迁》《毁灭之路》等影片之所以引发当代观众的共鸣,也是因为其体现了以人的幸福为社会生活最高价值的人本主义思想,在于其真正关注人的处境。

在资本、技术、媒介与权力交织于一体的当代社会中,在全球化世界日益演化为一个精密结构体系的境况下,主体的自我认同所遭遇的危机比在20世纪的资本主义社会中更堪忧。商品生产在社会生产中日益发挥支配性作用,全球化经济文化生产与新技术文化、媒介文化也逐渐形成,这改变了社会组织观念、主体消费观念与生活方式,也对主体的时空经验、自我认知与人生观念等产生了巨大影响。这些因素不断挤压主体的精神空间,导致个体生存与社会及现实世界之间产生了诸多分裂,包括感性与理性的分裂。但是,文化生产的价值、文化的自觉以及人的自觉却在不断凸显,人对于精神文明与自由生命

[①] 吉登斯:《超越左与右——激进政治的未来》,李惠斌、杨雪冬译,社会科学文献出版社,2000,第35页。

的追求也愈加强烈。正如雷蒙德·威廉斯所认为的，工业社会是一个"存在巨大差异的混合体"，人们对有机共同体的向往与对工业主义的批判相伴相生，而文化对社会、经济、政治体制具有缓冲和整合作用，文化通过强调有机性和共同体来对抗工业主义。① 正是在这样的生态环境下，劳动的人文内涵与文化价值不断得以挖掘，在当代社会产生了新的功能；从事自由自觉的劳动实践，也成为当代人重构主体性、建构精神世界、重新与自然亲密接触的生动写照。

从当下十分流行的手作劳动来看，例如女红这样"手工细作"的传统劳动形式，已然成为当代人以"慢生活"抵抗工业文明和人性异化、复苏和建构精神维度的途径之一。在当代充斥着平面化、快餐式消费的商品文化语境中，这种"手工细作"有效地勾连起人们对自然、社会生活的感性生命体验（见图1.5）。手工的痕迹和天然织物的触感，结合简洁的立体造型结构，散发出天真、古拙、质朴的气息，仿佛能让人感受到传统工艺中蕴含的情感温度，而一针一线缝制的过程更让人体悟到日常生活中蕴藏的"审美"之维，引导人们在物质与精神追求之间达成平衡，这也日益成为当代手工制作劳动的魅力所在。古人多在文艺创作中追求天人合一、美善合一的境界，而今人们在劳动实践中赋予对象丰富的审美价值，同样体现出人们对天人和谐与生命精神的尊崇，彰显出在现实中诗意地生存，以及在超越中实现身心和谐、物我同一的智慧。

---

① 王智敏：《雷蒙德·威廉斯"文化与社会"传统的系统研究》，《系统科学学报》2023年第2期。

图 1.5 "刺绣与时尚生活"：中国丝绸博物馆内的体验活动
（源自：中国丝绸博物馆官网）

透过平凡生活中的真善美、直面复杂的社会生态现实，人们才能获得生存经验和对生命价值的认知，这不仅符合人类实践和生存的基本规律，还在科学理性和技术文化垄断的当代社会中凸显劳动实践的珍贵之处，也充分显现出中华文明蕴含的生活智慧。从李子柒打造的"中国式田园生活"系列视频在国内外媒体上走红这一现象来看，手工阿胶创作、桂花酿酒、腊味合蒸、古法胭脂、手工造纸等中华文化与传统工艺中，深深渗透着中华民族代代相传的优良传统，也将中华农耕文明展现得淋漓尽致（见图 1.6）。同样，手工制陶过程中物我交融、心手合一的审美体验，也给许多外国友人留下了深刻印象（见图 1.7）。正是中华民族最真实古朴的劳动文化与生活美学，引发了世界人民的共情。

图 1.6　李子柒用桂花酿酒

（源自：哔哩哔哩）

图 1.7　外国友人体验手工制陶

文化这个概念，本就源于生产、耕种、手工等劳动实践。正如前文所述，中国古代劳动文化鲜明地体现了中国人的信仰观念、价值体系、行为模式、思维方式及审美心理，这些内涵在今天依然具有强盛的生命力，这不仅因为它们是中国人文精神的积淀与凝聚，还因为它们满足了当代人期望在现实与理想、感性与理性之间归于和谐的价值诉求。随着当代劳动实践日益承载着更为多元的社会功能，我们更需要关注其形态和意义世界的变化，积极弘扬中国劳动文化品格，面向当下和未来寻求创新发展。但是，在许多实际境况中，劳动教育却并没有很好地教学生如何实现审美化的生存，未能真正与时代同步、直抵人的精神世界，而是常常沉浸于各式各样的理论释读，成为体验式德育、生活德育等的替代物，学生也未能形成主动探求和践行生命存在、树立价值观念、提升精神境界的能力，这些都是值得教师反思的。

正如前面所述，马克思主义劳动观将劳动视为人类生活的基本条件，将劳动视为人类改造世界和发展自身的重要力量。同样，古今中外不少哲学家、教育家都曾提出过重要的劳动教育思想，比如南北朝时期的《颜氏家训》和明末清初的《朱子家训》，都注重以日常生活中的劳动实践来锻炼人的心智秉性，朱熹在《童蒙须知》中也将"洒扫涓洁"作为孩童的启蒙教育内容。再如"耕读"这一古人推崇的社会风尚，也旨在以农业劳动来促使读书人自食其力，培养其品格、磨砺其心性。陶行知曾说"不会种菜，不算学生"，让-雅克·卢梭在《爱弥儿》中将手工劳动视为重建身体与知识的中介等。总体上，他们都把劳动看作自然人进化为文化人的必经之路，看作人的文化精神的来源，看作社会教育的重要内容。人们在接受劳动教育的过程中，不仅能面向社会生产生活形成相应的知识技能，而且能形成对促进社会发展、自身发展的文化知识，因此劳动教育的"启蒙""教化"等文化功能是十分突出的。

近年来，国家多次强调劳动的重要性，强调劳动创造了幸福。劳动不仅是中华民族生生不息的动力来源，是中华民族精神文化生产的前提，还是中华民族现代文明建设的智慧源泉。我们要在新的历史起点上继续推动文化繁荣、建设文化强国、建设中华民族现代文明，就要坚定文化自信，立足中华民族伟大历史实践和当代实践，总结中国智慧、中国经验。有学者就劳动教育传扬中华文明的价值进行了阐释："总结中国经验、讲好中国道理、发展中国理论、发扬中国精神必然要立足中国实践，通过劳动教育将中国经验传承下去，将中国实践发展下去，将有助于持续创造、传承、发扬属于中国人自己的文化，更好地担负新的文化使命。"[①] 简言之，作为一种重要的文化实践载体，劳动教育促进了知识、价值的生产和传播，让优秀文化得以传承，让主体实践更契合社会文明的进步，更好地推动物质文化和精神文化的发展。

作为文化生产的劳动，在政治、经济、技术等因素的影响下，呈现出历史性、地域性、传承性与创新性，它在发展中不断积淀和凝聚合理因素，形成稳定的内核和特定的文化品格，而生产力的发展、生产方式的变化、世界格局的变迁、科技与媒介的日新月异，皆对一个时代的劳动文化产生深刻影响，劳

---

① 马慧子、马梅：《劳动教育独具的文化价值》，《光明日报》2023年6月16日第6版。

动文化也在与时俱进、不断发展。但归根结底，智慧和创造力是劳动文化始终不变的内核，从传统工艺到现代科技制造，从传承到创新，劳动始终是人类文化自觉的产物。在日常生活审美化的趋向下，劳动与文化之间形成了更加紧密的共生关系，劳动不仅可满足社会生产生活实用需求，更反映出当代主体的生存、文化生产与审美实践之间相互依存的生态。人们通过劳动将自身的情感、理智、意趣、智慧等投射在对象上，促使劳动成为特定历史时空中人类审美实践行为与意志不断积淀的产物，这也对劳动教育如何塑造主体性提出了更高的文化与审美上的要求。

极具现实性品格的劳动实践不同于艺术创作对哲学、美学思想及思维方式的集中显现，主要是对人类物质与精神行为本质的凸显，是对主体与外部世界之间的基本关系、人类认知与经验结构的普遍特质的体现，是对人类行为与外部世界之间、观念与现实世界之间相互关联的全面显现，反映出人类最为基本的审美经验形成、审美行为发生的动态过程与系统机制，因此是最有温度、最鲜活、最具生命力的人类社会实践之一。劳动实践也总是在不断生成新的社会价值，从不断革新的生产生活方式到文化认同，从社会公平公正到对地球资源的保护，从对中华文明的传承到人类命运共同体的构建，都在不断拓展劳动的审美向度，促使个体与外部世界始终形成和谐的关系。综上所述，人—文化—社会的架构决定了劳动教育审美向度的价值与内涵的丰富性，也为劳动教育的开展提供了内容体系。

三、审美向度的内涵

劳动教育的终极目标是对自由、全面的人的塑造,以人为本的教育宗旨,在劳动教育这里体现为促进人与社会规定之间的协调,既使人成为一种责任的主体,也在全面意义上实现人的自由,这构成了审美向度的基本内涵。在马克思看来,"劳动生产了美,但是使工人变成畸形。劳动用机器代替了手工劳动,但是使一部分工人回到野蛮的劳动,并使另一部分工人变成机器。劳动生产了智慧,但是给工人生产了愚钝和痴呆"[1],而教育能够使他们摆脱这种分工给人造成的片面性。可见,如何让人在与自身、社会、自然的多重关系中实现各种能力的自由全面发展,如何开发人和解放人,一直是劳动教育的重要使命,也是个体实现"自由个性"的基础条件。解放人意味着使人获得"个性自由",意味着能够自觉塑造个性,并在创造性的劳动实践中进行审美观照。每一个人都是现实的、具体的、鲜活的人,是立足于实践之上的人,培养自由的、全面发展的人,也必然要回归实践。劳动教育的审美化,就是要让人通过劳动实践充分发挥自身的智力、体力,培养人的道德的能力、审美的能力、创造的能力,由此摆脱社会分工与异化带来的人的片面性。从这个意义上说,美是人和自然、感性和理性的和谐统一,是人的实践活动的合目的性和合规律性的和谐统一,这也正是劳动教育审美向度的基本内涵。

自由的个性发展不能脱离社会的发展,个性发展必须与历

---

[1] 马克思:《1844年经济学哲学手稿》,中共中央马克思恩格斯列宁斯大林著作编译局编译,人民出版社,2014,第49页。

史条件、社会导向相统一，因为人的本性决定了人只有为同时代人的幸福而工作，自己才能达到完美，个人只有在社会共同体中才能获得全面发展的手段和真正的自由。正如马克思、恩格斯所提倡的那样，每个人的自由发展是一切人的自由发展的条件。简而言之，个人自由的基础是全面地占有他的社会关系，即作为社群中的某一个成员而生成的政治的、经济的、道德的、法律的、文化的、审美的关系。

审美向度的内涵还与"美好生活"息息相关。"美好生活"这一社会主义新时代的中国方案着眼于新时代人民日益增长的美好生活需要和不平衡不充分的发展之间的矛盾，坚持以人民为中心的发展思想，不断促进人的全面发展与全体人民共同富裕。"美好生活"不仅是物质层面的富裕生活，还是精神层面的审美生活，是政治、文化与美学共同体的显现；"美好生活"以人民为主体，充分显现出人民的主体性，发挥人民在社会建设与治理中的主动性；它以价值认同为目标，同时尊重个体生命自由；它以审美实践过程中的情感认同为机制，实现着政治生活对感性现实生活的融涵式超越。可以说，"美好生活"是对马克思提出的"美的规律"的积极践行，也是当代中国智慧与中国经验的显现。作为"美好生活"主体的人民，是在社会民主、公平、正义的原则及政治共同体根本利益的规定下，对主体身份、空间及社会权利的显现，其在社会本质上符合人类发展的规律与历史前进的方向。以人民为主体、满足人民需求的劳动教育，必然需要符合当代中国先进文化发展方向，以培养全面发展的中国特色社会主义建设者和接班人为目的。这样的劳动教育必然要通过传统人伦、自然之道向当代生态正义、审美正义的转化,形成人民认同的基本内涵,才能实现其功能。

正如以赛亚·伯林所言,审美正义与伦理美学相似,它们的"目的对于所有人来说只有一个:它包括了和平、正义、美德、幸福、和谐的共存"①。审美正义意味着人在审美实践中获得尊严而不被"物化";有助于形成友善、平等的社会人际关系,同时也促使人获得个体人格和自我实现的权利,个人的能力和价值能够得到充分实现,个人的独特个性禀赋得到认可,潜能被充分发掘。也正如列奥·施特劳斯认为的那样:善的生活就是与人的存在的自然秩序相一致的生活,是由秩序良好的或健康的灵魂所流溢出来的生活。善的生活简单来说,就是人的自然喜好能在最大限度上按恰当秩序得到满足的生活。②归根结底,善的生活就是人性的完美化,审美正义充分彰显了人性与德性,为人民获得幸福感与生命自由提供了保障,是全面实现"美好生活"的重要条件,也是劳动教育的重要内涵。

"美好生活"中的人民,不是抽象的符号,而是指向微观层面即个人价值彰显的语义表达,是扎根于日常生活各个领域的感性生命呈现。③因此,"美好生活"中的劳动要实现每个个体的幸福生活,就要介入个体日常生活和社会建设之中,为

---

① 以赛亚·柏林:《现实感》,潘荣荣、林茂译,译林出版社,2004,第 195 页。
② 列奥·施特劳斯:《自然权利与历史》,彭刚译,生活·读书·新知三联书店,2003,第 128 页。
③ 漆飞、王大桥:《人民性·情感性·当代性:"美好生活"的三个美学向度》,《民族艺术》2018 年第 6 期,第 21 页。

每个个体感性生命的获得提供现实路径，促成个体生命自由及情感价值的实现。彰显审美正义的劳动教育，必然不能固守传统样式，不能停滞于对古代农耕生活、田园生活的浪漫想象，而是需要让当代人获得充分的自我认知，同时从现实生活中捕捉生命的意义，更好地融入新的时代。例如，各类创新创业活动能够让大学生们施展智慧与才能，在创造中感受生命价值。

审美化的劳动教育也必然要注重主体与环境之间的相互作用以及主体自身情感结构的生成，不仅包括物质、精神及生活环境，还包括公共空间与私人空间。这些远比古代社会复杂的空间形态，使当代劳动实践显现出多样性与复杂性。作为主体认知自我、感受生命的主要界面，这些空间是其进行文化认同、政治认同、情感认同的关键渠道。因此，劳动教育需要注重劳动行为及文化在各种日常生活场景中的仪式化呈现，注重发掘劳动与生活之间的关联，通过对社会习性的重塑，使学生能够感知文化经验、自觉地塑造自我。就此而言，随着当代人的生活方式及生活空间的不断变化，以及劳动场景的不断拓展，劳动教育的内容及方式也需要与时俱进，才能引导学生开展感知自我、感知生命意义的审美实践。

如前所述，随着生产力以及社会物质文化、精神文化的不断发展，劳动文化也是与时俱进的，因此其审美向度会不断衍生新的内涵。我国在改革开放和社会主义现代化建设的伟大实践中，初步形成了系统的新生产力理论，包含科技动力论、可持续发展论、跨越式发展论等，这些理论与先进生产力共同构成完整的理论体系；生产力的构成要素也在传统政治经济学的劳动者、劳动资料、劳动对象之外，包含了科学技术、经营管理、信息等新的要素。科技成为当代生产力发展的重要动力，也成为先进生产力的重要标志，因此劳动教育也需要与科教兴国战略相适应，不仅在内容上要增强与科技、经济的联系，重视学生科学素养的培养，还要加深学生对科技伦理与科技美的认知。随着可持续发展成为世界各国认同的发展理念，改造自然、发展经济也不再是生产劳动实践的唯一价值，生产劳动更依赖于资源、环境、经济、社会等要素之间的协同，注重生态体系的良性循环，实现人的需求、社会发展与生态保护之间的平衡共生，这就进一步丰富了劳动生生之美的内涵，也要求今天的劳动教育更关注绿色发展的生产生活理念与方式。

从文化生产的角度看，当下新兴媒介技术与产业的发展，促使文化更广泛地进入社会生产与生活之中，文化艺术形态日趋多元，文化传播与创新也迎来了新的契机。大数据、互联网、虚拟现实技术、人工智能等的发展，为文化生产提供了新的条件，文化已成为新时代我国社会文明建设、产业经济繁荣的重要资源。在这样的背景下，文化生产劳动不仅是产业经济学问题，还是文化社会学、人类学、生态学等层面的问题，涉及文化与社会生活各个层面之间的复杂关联，这为文化生产劳动带来了不小的挑战。例如，在商品经济、消费文化以及数字技术的语境下，怎样合理发掘和转化文化资源？如何让中华优秀传统文化得以活化传承？文化数字化、创意化生产的规律是什么？怎样保障和提升公共文化产品及服务的质量？怎样塑造具有竞争力的文化品牌？如何以文化生产助力乡村振兴和生态共富？在劳动教育中，这些问题已经引发许多教师的思考，也赋予了审美向度新的内涵。

第二章
高校劳动教育审美化的价值与逻辑

劳动以建构个体思想品格为时代使命,指引着教师将劳动作为培养全面发展的人的重要途径,拓展劳动教育内在的功能,彰显劳动的人文价值。未来社会将以实现每个人的全面自由的发展为目标,而劳动作为自由、自觉的生命活动,不仅是实现美好社会生活的关键,还是塑造人的身心健康的重要途径。当下,劳动教育已成为中国特色社会主义教育制度的重要内容,在教育体系中具有基础性、先导性、全局性的地位。新时代的劳动教育旨在培养具有健全人格的公民,促进人的各方面能力的全面、协调发展,促进人与自然、社会和谐共生。因此,教师更需要在马克思主义劳动思想观念的指导下,充分发掘劳动教育的时代内涵和精神价值,将劳动教育上升到全面育人的高度来实施,围绕主体建构,坚持立德树人,以劳铸品,劳美互促,在生生之美的维度中,促使劳动教育、主体建构与社会发展相互协调,与当代中国文化相适应,更好地发挥劳动教育在新时代社会建设、文化创造中的重要功能。

如前所述,作为中国人独特而鲜明的生存与审美方式,生生之美发源于儒道哲学和美学思想，为当下及面向未来的中国劳动教育提供了宝贵资源与底蕴，同时也集中显现了新时代高校劳动教育审美化的价值与规律，这里面主要包含了三个层面的内涵：其一，生生之美全面体现了劳动教育之本然，意味着真善美在劳动中实现融汇，劳动成为建构主体精神世界和建构社会体系的重要途径，成为促成人、自然、社会形成和谐关系的重要动能，劳动的社会价值与育人价值得到全面的开掘和拓展；其二，生生之美旨在促使主体通过自由自觉的实践，实现生命的意义与人格的健全，因此体现了劳动教育之必然。作为一种天然的人生、人性和生命教育，劳动教育必然要以达成主体的真善美为内在规律，注重培养道德情操与人性人品，改造、完善和发展主体自身，充分发挥其才能与价值，这也是劳动教育长期的、深远的效用性问题。其三，生生之美凸显了劳动教育以审美体验为方式方法的特点，以及诠释美、展示美、创造美的内在逻辑，通过融合认知、道德与审美，着眼于劳动教育的生命力、过程的情感与温度，促使主体达到感性与理性的平衡，从而始终与外界维持和谐共生的关系，这些都体现了五育并举背景下全面发展的育人理念，也体现了科学的育人机制和规律。

第一节 高校劳动教育审美化的价值

一、立德树人中的拓展与超越

近年来，高校普遍重视劳动教育，各省纷纷出台学劳动教育实施指南及指导纲要、劳动教育行动方案等，旨在通过劳动教育的实施，促使学生掌握劳动科学知识，结合社会实践开展服务性劳动，重视生产劳动锻炼，积极参加实习实训、创新创业活动，重视对新知识、新技术、新工艺、新方法的运用，同时让学生树立正确的择业就业创业观，形成理想人格。由此可见，高校劳动教育不仅重视对劳动实践技能的培养，还注重对劳动美的弘扬，甚至在某种程度上，高校劳动教育中的劳动的首要目的不是生产实践，而是以培养新时代社会主义劳动者为指向，通过对美的劳动的深刻揭示，让大学生认同劳动价值理念，这就大大超越了传统劳动教育的边界。

从高校劳动教育与思想政治教育融合的现状看，高校普遍注重把劳动精神、劳模精神、工匠精神等融入劳动课程之中，与培养高水平应用型人才、建设制造业强国融合起来，同时探索进一步丰富教学形式、拓展教育资源、建设师资团队的方式。高校在建设劳动课程体系方面也具有共性规律：一是开设专门的劳动教育实践课程，对学生进行系统的马克思主义劳动观教育；二是积极开展形式丰富的校园劳动教育，培养学生的劳动精神；三是开展社会公益服务、志愿者服务活动。同时，高校也开始探索专业实践实习环节如何促进学生的技能训练、职业经验积累、职业道德培养、工匠精神培养、创新创业能力提升等。从教学场景来看，高校一方面注重利用社会资源，带领学生走进劳模工匠展示馆等，或者邀请大国工匠进校园，现场讲解匠心故事，同时利用各类实践育人基地来开展劳动教育；另一方面也尝试以高科技手段探索虚拟劳动教育场景建构，比如借助VR眼镜、5G技术等打造沉浸式教育场景，也有一些高校在"互联网+"背景下开始探索劳动教育理念、教育方式方法的革新。总体上，围绕立德树人的根本任务，各高校纷纷积极探索劳动课程内容、教材、教学场景及方法，将劳动教育与德育进行了兼具深度与温度的融合。

在此背景下，不少教师积极探索高校劳动教育的价值及内涵，不少劳动课程开展得有声有色，逐步积累了一些行之有效的经验，例如开始重视学生综合素养的提升以及创造思维的培养等，重视双手和大脑的协同融合，发掘出不少劳动育人的科学规律。一些传统人文社科领域的课程也积极探索"劳动美育""情感劳动""生态劳动"等育人模式，基于新时代文化建设、文化创造、文化教育的背景，结合新文科建设与复合创新型人才培养要求，以劳动教育为契机，促进专业建设和文化传播、文化产业发展，推动课程建设与改革，培育出不少劳动教育一流课程，也建设了一批大学生劳动教育实践基地，推出了一批劳动教育典型案例。

当代劳动教育内容对传统生产劳动实践形态的超越，也与五育融合的高校教育发展趋向息息相关。从五育并举到五育融合，已经成为新时代中国教育变革与发展的基本趋势。在五育融合教育体系建构之下，德育、智育、体育、美育和劳育都需要在确立自身边界的同时寻求相互融合、协同发展，而这种"融合"归根结底是以立德树人、培养符合新时代社会发展的高质量人才为目标的，劳动教育也将进一步成为实现德智体美整合、拓展德智体美四个方面教育的关键。在五育融合的背景下，教师需要探索系统的劳动育人机制与创新路径。教师不仅需要传授工艺技能与设计方法，还需要开展不同形式的实践活动和特色课程，营造"劳育+美育"的氛围，让学生通过阅读、观摩、欣赏和学习，实现价值观念入眼入耳入心，通过动手动脑达到会心会意，实现知、感、行合一。围绕"劳美互促"，教育者尤其要深入研究劳动与历史文化之美、红色文化之美、社会主义建设之美、改革创新之美、中华民族伟大复兴逐梦之美的关联，以全程渗透、全员参与、全方位介入的方式来促使学生树立劳动价值观，真正发挥以劳养德、以德铸魂、化育人心的效用。

高校还需要进一步完善劳动教育的实施条件，拓展劳动教育的空间。例如，目前急需建设劳动教育知识数据系统，通过挖掘地域特色文化资源来建设校园劳动文化品牌。从实施条件和平台资源来看，一方面，需要对开课教师进行基础培训，开展相关的教学经验交流活动，依据专业特点和人才培养具体目标，围绕区域产业经济发展，培育建构具有特色的、适应复合型创新人才培养的跨学科专业劳动教学创新团队；另一方面，需要通过设立第二课堂和创意工坊、举办相关赛事、服务地方等方式，促使劳动教育更好地与社会经济文化发展相契合，与创新创业教育、专业教育同向同行。高校需要充分利用学校内实验实训场所,做好技能培训,同时与其他高校、企业、社会机构等合作,探索劳动教育与社会实践相结合、劳动教育与创新创业教育相结合的路径。劳动教育具有显著的公益性特点,因此高校需要创造条件,积极推进劳动教育"走进"企业、社区、村镇等,组织学生开展形式多样的公益活动、志愿劳动和社会服务等,使劳动实践与品格塑造紧密衔接,拓展劳动教育的空间。

高校劳动教育不仅要加强理想信念教育,还要把理想与行动连接起来,促使学生了解、掌握真实世界,不仅拥有正确的劳动观,还能够积极参与社会劳动,具备创造性地解决复杂实际问题的能力,唯有这样才能真正"树人"。正如有学者指出的,"只有制造问题的当事者才掌握着问题的秘密,因此有可能加以反思,而旁观者的理解无非是评论或解释,并非反思"[1]。无论是"制造强国""创新驱动"还是"高质量发展",都需要发挥高校这一育人主阵地的效能,以与时俱进、开拓创新、与社会紧密相连的高质量人才培养方式来推动教育改革,而劳动教育也需要与专业教育融合,才能更好地发挥育人育才的功能。回到教育本质来看,正如怀特海所认为的那样,教育的核心问题就是不能让知识僵化,教育的目的就是培养出既能很好地掌握文化知识,又能很好地实践和生活的人。我们往往将高等教育视同专业教育,事实上专业课程、实践课程本就和

---

[1] 赵汀阳:《第一哲学的支点》,生活·读书·新知三联书店,2017,第199页。

生活紧密地结合在一起，学生唯有通过实践才能检验文化知识的学习效果，脱离实践生活的文化知识对于真实世界而言将是毫无用处的。因此，高质量的专业人才培养与劳动教育本就是有机融合的。总之，加强劳动教育，既是专业教育发展之必需，也是促使学生全面发展的基础，更是每一个具有劳动能力的人的生活之必需。新时代的劳动教育将在促使学生全面发展，提升学生实践能力，鼓励学生在融入世界、改造世界、建构自我等方面进一步发挥重要作用。

总体上，高校作为育人的主阵地，承担着向国家建设发展输送人才的重要任务，劳动教育的意义不仅关系到高校立德树人根本任务的实现，还是培养大学生成人成才的重要保障。因而，劳动教育既具有方向性、针对性、实践性，也具有时代性、综合性、开放性。一方面，高校需要将马克思主义劳动观、劳动教育观充分融入新时代思想政治教育之中；另一方面，高校也需要将劳动教育有机地融入专业课程之中，让劳动教育贯穿大学生四年学习的全过程，促使劳动教育与创新创业教育深度融合，让劳动教育"活起来"。在这个过程中，劳动教育的内容与形态必然是丰富多元的，劳动教育也必然与德育、智育、体育、美育形成紧密的关联。相应地，高校劳动教育必然更加遵循合规律性与合目的性的统一、真善美的统一、理性与感性的统一等内在逻辑，在审美向度中凸显主体的生命价值、生活价值、创造价值，实现对传统生产劳动实践的超越和拓展。与此同时，高质量、高效能、可持续的新质生产力发展，以创新为第一动力、智能为重要资源的新型生产实践，都对大学生的劳动能力素养提出了新的要求，需要高校劳动教育不断完善内涵建设，建构科学的内容体系，发掘丰富的审美内蕴。

二、生命图景中的自由与自觉

马克思曾在《资本论》中深刻揭示了人这个主体在劳动中的重要意义，指出劳动不仅仅是人类谋生的手段，更是人与动物的本质区别，是人之所以为人的根本原因，是人的生活的第一需要。恩格斯也曾强调劳动作为全球人类生存的最基本的前提，不仅创造了人自身，还创造了整个世界以及所有的价值。这些论述阐发了劳动实践对于人类形成的重要价值，也阐明了劳动对于人类社会关系形成以及社会进步的重要价值。如前所述，劳动是个体发展完善的根本途径，自由自觉的劳动促使人实现社会性的自由存在，因此劳动就是对人的自主性、创造性的集中显现，人通过社会化、创造性的劳动，既改造世界也反观自身，世界也因此而"人化"。劳动促使人真正实现生命的自由，因为劳动是沟通主观世界与客观世界的中介，是实现合目的性与合规律性相统一的关键，而人的生命图景唯有借助劳动才能够展开。人的生命图景的全部在于通过劳动不断认识自己和提升自己，不断认识世界和改造世界，人在此过程中获得持续的自我发展和完善的动力，同时也学会在自我发展与世界发展之间获得平衡，这种发展集中体现了人的道德、理想、智慧、审美，人通过这样的发展最终实现了生命的自觉与生命意义世界的建构。

习近平总书记曾说："必须牢固树立劳动最光荣、劳动最崇高、劳动最伟大、劳动最美丽的观念，让全体人民进一步焕发劳动热情、释放创造潜能，通过劳动创造更加美好的生活。"[1]人只有通过劳动才能产生人生的成就感、幸福的获得感；人只有通过劳动才能被社会接受和认同，被他人赋予肯定的评价，被社会赋予积极的意义；人也只有通过劳动过程和结果才能形成客观的自我认知和评价，才能形成积极健康的自我感受，乃至实现身心愉悦、精神丰盈。因此，劳动是个体实现全部生命意义的重要实践形式，也是人类社会进步所需要、所追求的重要实践形式。正是这样自由自觉的生命活动决定了劳动的本质是美的，从而将人类的劳动实践活动与动物的本能活动区分开来。

高校劳动教育对学生生命意义的建构，对立德树人的实现，不仅在于劳动精神、价值观念方面的教化，更在于以"美"的向度来拓展德育，来引导学生自觉追求美好的生活，形成与社会治理相协调的自我规范与自我涵养，形成"一种获得性的人类品质，对它的拥有和践行使我们能够获得那些内在于实践的利益"[2]。这种美德的价值胜过了道德，它体现了人类内在的精神品性。如果说道德是基于人的现实处境的，是应然的、必然的，那么美德则具有超越性，是内生的、自由的。可见，美德具有内驱力，因为"其内在的要求是涵养道德，其基本的表现是完善德性。美德的外在行动源于内在的道德涵

---

[1] 习近平：《习近平谈治国理政》，外文出版社，2014，第46页。
[2] 麦金太尔：《追寻美德：伦理理论研究》，宋继杰译，译林出版社，2003，第242页。

养"①。美德的形成并非先天的，而是需要不断挖掘主体的生命力，在人的现实生存中不断提升人生境界、塑造理想人格。自由自觉的劳动实践是塑造美德的重要途径，主体越是自由自觉地劳动，就越能真正实现人的本质，越能达到真善美的统一，越能获得自我的发展。也正因为如此，瓦·阿·苏霍姆林斯基指出："任何人的全面发展，不仅需要他在智育、德育、美育、体育上取得良好发展，还需要他在劳育上达到较好的成效。劳动是教育的重要载体，没有劳动教育，在智育上的教育是毫无意义的、盲目的，所有的教育只有通过劳动实践才能内化于心、触动心灵。"②

生命图景的自由自觉，还体现在解放、自由、和谐的发展上。教育的本质是为了促使受教育者健康成长，使受教育者能够成为更好的自己，从而适应社会环境。生命教育是在生命活动中进行、通过生命活动而进行、为了生命而进行的教育。③劳动教育正是典型的生命教育，其目的便在于使学生通过自主性的劳动成为具有"生命自觉"的人。如何理解自主性的劳动呢？在资本主义私有制社会中，劳动异化了人的本质，主体在劳动中丧失了自主性。对此，马克思曾深刻地指出，劳动对工人来说是外在的东西，也就是说，不属于他的本质；因此，"他在自己的劳动中并不是肯定自己，而是否定自己，不是感到幸福，而是感到不幸，不是自由地发挥自己的体力和智

---

① 唐代兴：《道德与美德辨析》，《伦理学研究》2010年第1期，第8页。
② 瓦·阿·苏霍姆林斯基：《帕夫雷什中学》，教育科学出版社，1983，第361—362页。
③ 孙刚成、田玉慧：《生命教育视域下的教育与人的发展》，《天津师范大学学报（基础教育版）》2014年第2期。

力，而是使自己的肉体受折磨、精神遭摧残。"①可见，资本主义社会中的异化劳动不仅没有让人获得自由，还压制了人的主体性，"劳动为富人生产了奇迹般的东西，但是为工人生产了赤贫。劳动创造生产了宫殿，但是给工人生产了棚舍"②。

简而言之，自主性的劳动应当让主体在劳动过程、劳动成果中感受到生命的价值，在创造劳动对象的过程中进行审美，实现对美的创造，因而劳动是自由生命的表征，是快乐生活的乐趣所在。自由自觉的主体实践赋予了劳动美的本质和内涵，劳动美一方面源自劳动过程本身为主体带来的生命价值的实现，另一方面也源自主体对劳动对象的创造性的完善，因而劳动过程与劳动成果都具有审美价值。在马克思看来，劳动美意味着超越谋取生存、追求物质利益的束缚，以自由自觉来达成人的个性发展的最高境界和理想状态，以高级的实践形式来释放人的生命活力，因为自由的、有意识的活动正是人的"类特性"，这种"类特性"使人类的全面发展能够与社会生产力的高度发展协同起来。

理解上述思想对于高校劳动教育来说是至关重要的，那么应当如何落实到劳动教育中呢？假如仅仅把劳动教育理解成知识技能的教授或者对吃苦耐劳意志的锻炼，就偏离了其终极价值。对大学生而言，强制的、机械的劳动实践方式，并不利于激发其自主性、积极性，难以满足其兴趣和期望，学生必然

---

① 马克思：《1844年经济学哲学手稿》，中共中央马克思恩格斯列宁斯大林著作编译局编译，人民出版社，2014，第50页。
② 马克思：《1844年经济学哲学手稿》，中共中央马克思恩格斯列宁斯大林著作编译局编译，人民出版社，2014，第49页。

第二章 高校劳动教育审美化的价值与逻辑

无法自由自觉地体验生命意义。相反，某些看似与生存需求无关的闲暇劳动，更容易引起学生的兴趣。因此，教师需要真正着眼于学生的生活实际，并以此来设计教育内容、挖掘价值内涵。正如怀特海所倡导的那样，教育只能围绕生活这一中心来展开，教育的主题就应该是鲜活的生活，而不能局限于知识的传递。同时，教师需要遵循大学生的认知能力与思维特征，例如青年人普遍具有对知识进行较为精确的分析、整合的能力，以及在具体情境中综合运用知识与方法的能力，心智也较为成熟，但人格尚未完全形成，同时也对外界新事物充满了好奇心。因此，高校劳动教育需要为学生提供具体的情境，帮助学生建立起劳动知识技能与劳动对象、一般规律与具体情境之间的关联，同时注重激发学生的好奇心，激发其敢于创新、迎难而上的勇气，促使学生形成价值观念并进行自主实践探究，在毕业后还能持续地开展终身学习与创造活动，最终从多元的生产生活劳动中产生审美情感，获得内心的自豪感与成就感，自觉地建构理想人格，提升精神境界。

最后需要指出的是，生命图景的自由自觉还呈现在主体的创造性上。正如有学者指出的那样，当创新劳动获得成功时，劳动者将从中获得社会的肯定和内心的自豪感，而这种精神世界的幸福正是劳动的个人需求所在。[1]因此，高校劳动教育需要积极引导学生参与创造性劳动，通过充满创新性、挑战性的劳动，来激发学生的潜能。尤其是在当下科技飞速发展、产业

---

[1] 赵癸萍：《理论内涵·价值意蕴·培育路径：大学生创新劳动的三维透视》，《机械职业教育》2021年第2期，第2页。

形态革新的时代背景下,数字化、智能化、复合型的创造性劳动正在取代传统的、简单重复的物质生产劳动,这将更加考验劳动者的综合创新能力与素质,这也对劳动教育提出了新的需求。与时俱进的劳动教育,必然将在新的劳动实践形态中不断拓展塑造人、发展人的路径,但是无论劳动如何发展,其塑造人、完善人的价值都不会改变,它永远是真善美的高度统一、合规律性与合目的性的统一,永远向着生命自由自觉的人生境界进发。

三、生态系统中的和谐与自信

正如前文所述,劳动涵盖了人与自然、社会之间的广泛关联和鲜活实践,劳动教育开展的空间维度也是立体、多元的,教师要深刻把握这种实践的特质,将劳动精神品格、价值观念、文化意蕴等转化为生动的教学内容与情境,在多维空间中建构中国劳动教育的时代内涵与话语体系,这样才能促使学生深刻认知、全面认同劳动精神与劳动文化,才能提升劳动教育审美化的实效。在这个过程中,教师需要牢筑理想信念,也需要深刻理解,劳动文化同其他文化一样,都是中华民族的精神和灵魂,对于树立文化自信和民族尊严、增强民族凝聚力、释放民族的创新活力,同样具有重要价值。

纵观当代世界格局,我国的综合竞争力来源于政治、军事、科技、文化等各个方面。担当中华民族伟大复兴重任的大学生们要有强烈的责任感和使命感,要在马克思主义思想、中国特色社会主义共同理想的引领下,勇立时代潮头,具有全球视野，以全面发展的综合素养推动国家发展，同时也要在维护国家安全和社会稳定等方面挑起重担。因此，高校劳动教育的视野不能局限于劳动本身，而是需要全面观照其价值，基于其价值体系来生发审美内蕴，促使大学生自觉以社会主义核心价值观、习近平生态文明思想、可持续发展理念、先进文化发展理念等为指导，在劳动实践中、审美浸润下树立道路自信、理论自信、制度自信、文化自信。

人的生命意义的实现、自由自觉的发展与外在环境之间是相互影响和促进的，和谐的生态系统成为完善社会肌体、促进个体全面发展的前提和基础，劳动创造了世界，创造了人，劳动也在维系、建构着人与世界的和谐。从这个意义上说，劳动教育唯有积极建构与外部世界相适应的主体精神世界，其社会价值与育人价值才能得到全面实现。但在实际中，教师往往忽视了主体与外部世界之间存在的有机共生体系——广义上的生态系统，它不仅包括人与自然的关系，还涉及社会、文化等与人的生存发展有关的方方面面。基于此，笔者主要从人与自然、人与社会、人与文化三个方面来分别阐发劳动教育审美化的价值，当然，三个方面实质上是无法分割的，它们共同构成生生之美的内在维度。

人与自然的关系是人类社会最基本的关系，中国式现代化中蕴含着独特的生态观，它科学地协调了现代化与生态化之间的关系，显现出人与自然和谐共生的中国式现代化新道路和人类文明新形态，也显现了现代化理论与生态观的有机统一。西方国家的现代化进程曾长期受到机械自然观和机械发展观的影响，导致了严重的生态危机。对此，马克思、恩格斯曾设想通过发展科技，利用生产与消费过程中的废料进行循环再生产，以减轻工业化生产带来的环境污染。与此同时，他们还将生态理念引入社会发展之中，期望通过生产方式的变革来实现人与自然、社会之间的和谐与一体化发展。上述观念为从农业社会向工业社会的现代化发展提供了生态向度，也为我国生态文明建设提供了宝贵的思想资源和科学基础。当然，我国还创造性地提出了中国特色的生态环境保护道路、中国式现代化生态观、生态文明新理念等，不断以推动人与自然的和谐发展来建构现代化建设新格局，建构中国式现代化理论体系。总体上看，"中国式现代化是人与自然和谐共生的现代化"[①]。

生态危机也受到现代西方学者的普遍关注。在发展初期，西方生态主义思潮及其理论将近代以来的理性主义哲学以及以此为基础的机械自然观和人类中心主义思想视作生态危机的根源，以"生态中心论"作为解决当代生态危机的根本途径。西方生态主义理论是以生态科学为基础的整体性思维的结果，侧重于从世界观、价值观的角度做抽象的辩论和整体性的构架。从价值取向上看，西方生态主义理论强调生态系统和物种的整体价值，宣扬"自然价值论"和"自然权利论"，将自然界视为一个包含生命运动过程的有机体，主张建立人类社会与自然界之间的有机联系，并认为自然界具有不依赖于人类的内在价值和生存的权利，因而产生了"敬畏生命""大地伦理""荒

---

① 中共中央党史和文献研究院：《习近平关于中国式现代化论述摘编》，中央文献出版社，2023，第121页。

野哲学"等理论观点。随着20世纪70年代生态运动的壮大和阿恩·纳斯的"深生态学"等思潮的产生,西方生态主义理论逐步从"自然中心"转向关注社会公正、正义、种族、性别等大量社会现实生态问题,并探讨这些问题背后隐藏的各种复杂的社会利益关系,关注生态公正与社会公正之间的关联。自20世纪80年代以来,西方生态主义思潮在几乎所有的人文学科中渗透和拓展,较有代表性的作品有默里·布克钦的《生态社会学理论》、戴维·佩珀的《生态社会主义》、卡伦·沃伦的《生态女性主义》、赫尔曼·戴利的《生态经济学与经济生态学》等,生态主义理论在与现实世界的多维融汇之中呈现出系统化的发展态势。这些理论的基本共识在于,超越"人类中心"与"自然中心"二元对立的思维模式,关注有机体之间、有机体与无机体环境之间的互动,并从物种、性别、种族等维度批判人类文化,折射出西方后现代的"反人本主义"观念。

相较于西方生态主义理论,我国更注重以满足人民的需要为目的,强调社会的全面发展和进步,因此实现了对西方生态思想的超越。正如有学者指出的那样:"优美生态环境需要是人民群众美好生活需要的重要构成方面,是人民群众通过维护人与自然生命共同体的完整性、整体性、持续性来过上高品质生活的需要。满足人民群众的优美生态环境需要,是中国式现代化生态观的价值命题。"[①]我国不仅探索生态经济的发展方式,还强调生态产品的公共性、普惠性,"建设美丽中国就是

[①] 张云飞:《中国式现代化中蕴含的独特生态观的内涵和贡献》,《东南学术》2024年第1期,第19页。

要按照合规律性和合目的性相统一的'美的规律',通过生态文明建设呵护好祖国的大好河山,努力将我国建设成为自然资本强国。我们要协同推进人民富裕、国家强盛、中国美丽,协调推进美丽中国建设和清洁美丽世界的建设。这样,将我国建成富强民主文明和谐美丽的社会主义现代化强国,构成了中国式现代化生态观的目标命题"[1]。

我国不仅建设生态文明,还要"推动物质文明、政治文明、精神文明、社会文明、生态文明协调发展"[2],协同推进新型工业化、信息化、城镇化、农业现代化和绿色化,以中国式现代化的永续发展来保障生态文明的持续建设。西方的"新社会运动"掩盖了深层的管理原因,通过向"绿色国家"转型来掩盖不公平或腐败的政治体系,同时将本国治理污染的责任转嫁给发展中国家,而我国以负责任的社会主义大国的姿态不懈推动全球生态文明建设,积极参与建构地球生命共同体和人类命运共同体,切实保障全人类的生态环境权益,让全人类共享生态文明建设的成果。这些都充分体现了中国式现代化生态文明的科学性与优越性,体现了我国生态文明领域的国家治理体系和治理能力的现代化,显现了我国对马克思主义现代化理论的创新,显现了我国在社会主义现代化道路上开拓的新境界。

在高校劳动教育中,教师应引导学生深刻、全面地理解习近平生态文明思想,把握好物质文明建设与生态文明建设之间

---

[1] 张云飞:《中国式现代化中蕴含的独特生态观的内涵和贡献》,《东南学术》2024年第1期,第20页。
[2] 中共中央党史和文献研究院:《习近平关于中国式现代化论述摘编》,中央文献出版社,2023,第286页。

的统一、高质量发展和高水平保护之间的统一，坚持和谐共生的现代化道路，引导学生在劳动中重视生态效益与经济效益、社会效益之间的统一，引导学生积极投身生态工业发展、产业建设、文明建设，推动生态育人与劳动育人同向同行。例如，浙江农林大学师生依托学校自然资源与生态教育基地开展创造性的劳动实践，以"东湖撷芳"菊花展扮靓城市景观，美化环境，同时通过形式新颖的植物与媒材综合再造实践，有效地提升了学生的生态保护意识与创意劳动思维（见图2.1），这一成果也受到市民的普遍肯定（见图2.2）。

（a）

(b)

(c)

图2.1 "东湖撷芳"菊花展

图 2.2 市民参与体验菊花展的综合装置艺术活动

在新科技发展和数智化语境下，教师尤其要注重培养学生绿色智慧的数字生态文明建设意识，引导学生积极投身美丽中国数字化治理体系的建构，科学把握这一人类文明新形态的特质，运用新材料、新能源、新技术以及新的治理理念来解决新的生态环境问题，以持续推动社会主义生态文明建设。与此同时，也要引导学生通过美的劳动来认同中国式现代化生态观，树立对中国生态文化的自信。在当下的劳动教育中，物质劳动实践、主体的精神世界建构与生态文明教育之间尚缺少系统的关联，迫切需要教师以生态系统来构架审美向度，在人与自然的生命共同体、和谐发展的社会中培养自由自觉、全面发展的主体。同时，教师也需要引导学生对具体现象进行积极思考，通过传授生态哲学、生态美学等相关知识，增强学生对生态事件的理解、对生态产品的体验，避免生态观念教育的抽象化、概念化，并且需要结合时代语境，面对新的生态问题不断拓展教育内容。

人与社会的和谐关系以及文化生产在劳动教育中占有重要地位，并且两者也是有机共生的。劳动过程是对社会关系的反映与建构，向善向美的劳动必然要求主体处理好个人与社会的关系，因为这有利于和谐社会的建设，而劳动教育对主体人格的塑造、生命意义的实现，是以主体树立正确的世界观、人生观、价值观为前提的。美好和谐的社会，一方面要满足个人生存和发展的需要；另一方面也要求每个社会成员承担应有的责任，进行创造性的劳动，为社会和他人做出更多的贡献，每个社会成员唯有处理好个人与社会及他人之间的关系，才可能实现人生价值。在自媒体信息化时代，大学生容易迷失自我、否定自我，产生自我认同危机，沉迷网络虚拟世界更可能导致大学生远离现实、疏远他人，由此带来情绪消极、漠视社会等问题。劳动不仅能促进大学生对社会关系的认知、对他人的理解和尊重，还能够有效缓解大学生的心理问题，帮助其树立自信，唤醒主体意识。因此，劳动教育要充分运用丰富多元的社会资源来塑造学生的劳动观念，让学生在劳动中认同公平正义、诚信友爱、无私奉献等社会公序良俗，树立集体主义观念，自觉抵制拜金主义、享乐主义、极端个人主义等错误的价值观。同时，劳动教育还应当促进大学生树立主人翁意识，培养团队合作精神和善于沟通的能力，懂得相互尊重、平等相待，学会理解、包容和共情。

和谐社会的建构与理想人格的实现，都离不开文化生产。

正如塔尔科特·帕森斯对"城市文化基因"的阐释，生物系统、人格系统、社会系统、文化系统之间关系的整合与协调，是实现城市社会正常运转和增强城市文化张力的保障，合理的生产模式能够有效地促使城市社会进化与主体进化形成同构，这个机制可以概括为"有机体向人格（心理）系统提供能量，人格系统向社会系统提供能量，社会系统向文化价值系统提供能量（通过人们的活动）"[①]。以当代城乡发展为例，文化生产需要遵循科学规律，充分发挥文化资源优势和文化生态功能，促进社会经济建设与精神文明建设协同发展，文化生产不仅要传承文脉、彰显特色，还要营造文化生态空间、培育人民的先进文化观念。

当代大学生不仅是文化产品的创造者和消费者、文化传播的主体与受众，更是增强我国文化软实力、建设社会主义精神文明、实现中华民族文化强国梦的中坚力量。因此，劳动教育也需要在文化生态的广阔视域下，一方面引导学生深入了解、热爱中华优秀传统文化，树立文化自信；另一方面促使学生掌握文化创新的科学规律，以高度的文化自觉来进行文化生产，使其具备作为新时代文化生产者应有的价值观念、技术方法、能力素养。这里的"文化自觉"有两层含义：其一，文化产业日益成为当代经济社会发展的重要支撑，文化自觉也逐渐成为文化产业发展的内驱力，它体现了社会发展的根本性、内生性需求，代表的是整个社会、民族的整体性利益；其二，文化自

---

① 彼得·狄肯斯：《社会达尔文主义——将进化思想与社会理论联系起来》，涂骏译，吉林人民出版社，2005，第38页。

觉是当代文化生产对生产者提出的必然要求，具体体现在诸多方面。例如，生产者应具有强烈的民族文化意识，以及全面的文化素养与良好的审美能力；应掌握文化创新发展的科学规律、文化资源开发转化的路径、文化创新与生产的技术方法；应具有与时俱进的视野、走向世界的格局，拥有借鉴全人类优秀文明成果、建构人类文明共同体的智慧与才干。

在文化生产劳动教育中，审美化的价值是十分突出的。通过审美，教师能够激发学生对优秀文化产品的体验和感悟，培育学生的家国情怀与文化自信心；通过审美，教师能促使学生深刻地认知中华优秀文化基因，增强文化修养，潜移默化地形成民族文化价值观；通过审美，教师能引导学生投身文化传承与创新，探索文化生产实践的科学规律，以富有创意的、高质量的文化产品来满足人民的精神文化需求，推动国家文化生产力的提升、文化产业的繁荣发展；通过审美，教师能促使学生培养广阔的国际视野和敏锐的创新意识，拥有海纳百川、求同存异、美美与共的胸怀，能够让民族文化更好地走向世界，在与世界文化的碰撞交融中不断发展，共同建构和谐而又多元的世界文化体系。

第二节　高校劳动教育审美化的逻辑

一、合规律性与合目的性的统一

合规律性的劳动教育需要以适当的教育方法来达成教育目的。正如美的规律在于确证人的本质力量，教育的目的在于塑造人，教育的审美化本质上是符合教育的内在逻辑的。劳动教育的审美向度本质上就是合目的性和合规律性统一的结果，这一基本逻辑指向其与美育的互渗、向德育的进阶。简言之，劳动教育不仅要合乎教育的规律，还要合乎"美的规律"，这是对劳动教育内在逻辑的总体体现。劳动教育审美化的价值在于凸显主体的人文精神及主观能动性，有助于学生劳动品格、精神文化的塑造，有助于引导学生形成与自然、社会、他人的和谐关系，而劳动教育的立德树人、实现个体的生命意义等目标的实现，都需要合乎"美的规律"，同时教育者、教育对象、教育内容、教育方法之间也需要形成有机统一的整体。因此，合目的性和合规律性的统一贯穿于劳动教育过程的始终。

例如，劳动教育的首要任务是让学生热爱劳动，而热爱是以身心获得快感为前提的，劳动教育的审美化就是要唤起主体的感官体验，激起主体正向的情绪、情感，在快乐中获得美感。正如贝纳德·鲍山葵等美学家认为的那样，审美经验是一种快感，是一种对愉快事物的感觉；内尔·诺丁斯也曾指出，幸福不仅仅是教育的重要目的，同时也是教育的重要手段。教师倘若无法让学生在劳动实践中感受到愉悦，就无法很好地调动学生的积极性和热情，学生将难以感受到劳动的魅力，也难以认同劳动文化、形成劳动品格。从根本上说，劳动教育的成效取决于主体能否形成自我驱动力；能否发自内心地热爱劳动，把劳动当作一件幸福的事情；能否为了追求幸福而充分发挥自己的智力、体力，在付出努力、克服困难的过程中获得高级的生命体验。

教育部《大中小学劳动教育指导纲要（试行）》指出，教师应当"指导学生思考劳动过程和结果与社会进步、个体成长的关联，避免停留在简单的苦乐体验上。组织学生交流分享劳动的体验和收获，肯定具有积极意义的认识，纠正观念上的偏差。将反思交流与改进结合起来，使学生在劳动中获得成长"[①]。"在劳动中成长"正是对马克思主义实践观的反映。人只有在实践中才能认知世界、认知自我，只有在实践中将自己的情感与生命投射于对象之上，在实践中积极建构自我与世界之间的和谐关系，才能实现人的本质力量，才能获得审美体验。说到底，美就是人的自由自觉的本质力量的充分显现，是主体的身心与外界之间达成的和谐关系的体现。因此，教师要善于调动学生的感觉、知觉、想象、联想，促使学生全身心投入劳动之中，让学生在与外界的身心交流中获得强烈的审美感受，在审美中生发对劳动的情感，进而思考生命的意义。

一些学生即便在学校、家庭、社会中参与了劳动实践，也

---

① 教育部：《教育部关于印发〈大中小学劳动教育指导纲要（试行）〉的通知》，2020，http://www.moe.gov.cn/srcsite/A26/jcj_kcjcgh/202007/t20200715_472808.html.，访问日期：2024年8月16日。

无法从内心感受到劳动的快乐及其对自身成长的意义，结果只能在身体的苦累和心理的抗拒中，丧失对劳动精神、价值观念的认同。这样的情形在高校中也存在，尤其是在网络信息时代和消费社会背景下，这种情形更趋严重。爆炸的信息、浮躁的心态、膨胀的物欲等都可能扭曲大学生的价值观，快餐文化、网络暴力、拜金主义屡见不鲜，人与人之间真诚的沟通交流变得稀缺。同时，个人价值、工具主义思维方式的过度凸显也使得大学生容易产生人生理想功利化、价值标准物质化的思想，事不关己便高高挂起，没有利益便毫无兴趣，甚至出现了学习是为了学分、工作是为了挣钱享受、财富便是成功的标志等错误观念。其中也不乏西方价值观念的冲击，这些观念不断冲击着中华传统文化价值观，使大学生陷入了"价值观困境"，极端个人主义、自由主义、享乐主义等思想都需要引起教师的警惕。在这样的背景下，教师尤其要注重唤起学生内心深处对劳动人民最质朴、最单纯的爱，以及对正义、责任、仁爱、诚信、同情等最基本的社会价值观的认同和追求，真正让学生认同社会主义劳动精神与文化。

正如黄大年的先进事迹所反映出的就是对人民最为质朴的情感，以及至诚报国的爱国情怀、敢为人先的敬业精神，这类生动的案例能对学生起到较好的教育效果，能引导学生把个人成长与国家发展结合起来，为人民的美好生活贡献智慧和力量（见图2.3）。带领学生在福利院、养老院、城乡社区等公共场所开展志愿服务，也都能较好地达成教育目标（见图2.4）。当然，在这个过程中，需要教师以学生为中心，做到真善美统一，避免刻意灌输，要采用科学的教育方法来锻炼学生无私奉献、为社会努力工作的劳动意志，促使学生形成敢于担当、乐于奉献、克服困难、坚持不懈的内驱力，培养与中国特色社会主义发展相适应的道德品质。总体上，教师应充分遵循审美化的逻辑与教育规律，不仅要结合具体的生产生活实际，内容上与时俱进、形式上丰富多样，紧密关联学生的生存体验、情感诉求，还要尊重学生的需求兴趣、实际能力、接受程度，在教学中做到教育内容、方法与教育目标相统一，才能提升教育的实效性。

图 2.3 黄大年

（源自：凤凰新闻）

图 2.4　高校师生助残事迹

（源自：浙江科技大学"启明星"团队）

主体心智的发展与创造性的激发同样离不开劳动教育的审美化。学生知识的习得、技能的掌握与生产实践、生活体验是相辅相成、有机统一的，并且前者是服务于后者的，前者是手段，后者才是目的，这也是劳动教育对智育的促进和反哺。只"学"不"做"，学生无法深刻理解"学"的意义，无法在"学"中肯定自己，也无法进行深度的思考和正确的判断，而劳动教育的意义就在于促进个体的心智及体力发展与社会生活相协调，让个体实现自由全面的发展，实现理性与感性的平衡。马克思曾指出，智力上和身体上的分离压制了人的自由发展。现代生理学、心理学也普遍认为，人的生理系统对人的心智发展产生了关键性的影响，而创造性的思维活动也是以身体感受为基础的，实质上是身体感受的延伸与理性化的表现，现代教育学将智力发展、创造思维与劳动实践视为共时的、和谐的整体。显然，劳动促进了智力与体力、创造力的共同发展，为感性与理性的统一提供了必要的基础条件。

当然，劳动教育不能让学生停留在愉悦的层面上，而是要引导学生向美向善，建构充盈的精神世界。高校劳动教育培养的是具有完善人格和创新精神的社会主义接班人，因此劳动教育审美化的逻辑必然体现为：促使学生以审美的眼光去发现、看待劳动的价值，感受生命的意义，通过对劳动意义的审美直觉，将劳动带来的身体上的愉悦甚至是苦累，自觉转化为心灵上的洗涤，升华为自由自觉的生命存在。正如前文所述，劳动教育更重要的目标在于以主体心理的、社会的、文化的生命存在来超越生理的、自然的生命存在，这就需要促使主体脱离身体体认的束缚，即不完全依赖于身体去体验、感知外界事物，而是通过知觉、想象、联想以及丰富的情感生活，成为一个勤于思考、善于欣赏、乐于创造的完整的人，拥有会审美的眼睛与美的心灵的、充实幸福的人，能够自觉形成审美表象与审美心理结构的人。

正如恩斯特·卡西尔所言，"美就是人类经验的组成部分"[①]，审美感受来自人的生产生活经验，同时通过对日常经验的超越来提升人的生命意义，使人成为文化的人、社会的人、自由发展的人。因此，教师需要以科学的方法建构生动的教学

[①] 恩斯特·卡西尔：《人论：人类文化哲学导引》，甘阳译，上海译文出版社，2013，第234页。

场景，关联学生的日常经验，积极开发与大学生的实际生活相符的教育内容，促使学生感受劳动之美，同时也要辩证地把握劳动教育的生活化与美好生活的劳动化之间的关系。劳动美是美好生活不可分割的一部分，人在对象化的劳动实践中获得积极的自我感受与自我评价，产生积极的情绪体验，也获得社会及他人的肯定与认同，这样才能成为自由发展的人。因此，劳动教育的生活化一方面旨在凸显劳动教育内容的实践特性，提升学生解决实际生活问题的能力素养；另一方面旨在以生活化的劳动过程来引导学生追求美好生活，在自我社会化的过程中寻觅生活的价值与情趣，不断超越自我、创造未来，实现人生的意义。可见，劳动教育的生活化与美好生活的劳动化实则是一体两翼的关系：前者侧重于促使人全面地实现本质力量的对象化；后者则是前者的延伸，彰显了人在社会中自由自觉、丰富多彩的生命存在。

对于教师来说，从整体上把握审美化的逻辑，就需要让学生在生动的现实生活中生发劳动的乐趣，这样的劳动教育才是鲜活的；还需要通过回归生活带给学生导向和规范，揭示生活中蕴藏的审美意义，激发个体对社会文化价值观念的情感认同、内化和守持，最终达到生生之美的审美境界。这也意味着，劳动教育要全面反映时代精神，凝聚社会主义核心价值观；要传扬中国"道一风同"的社会生活方式与高尚的审美情怀；要在美好生活中树立劳动教育的价值目标，引导学生以劳动传扬中华优秀文化之美，创造社会主义建设之美。

劳动教育的审美化逻辑不是形而上的，而是需要贯穿、落实于各个教育环节。当下有些大学生劳动理想信念淡薄，片面追求个人价值，灌输式的教育效果甚微，因此迫切需要教师基于实践认识论，充分发挥劳动实践审美化的价值，针对主体、客体、介质、环境等要素深入探索教育规律，不断完善高校劳动教育的价值体系与教育模式。具体来看，一方面，教师要充分发挥介质的关联性、传导性价值，通过举办各类讲座、报告、展演活动及开展考察、体验活动，促使主客体之间产生更紧密的联系、更有效的相互作用，同时也要重视数字媒体、互联网等新型介质的作用，营造良好的舆论氛围；另一方面，教师要注重"场所意识"，通过真实场景或者模拟真实场景，充分调动主体的感知和直觉，在传达价值观时也要注重话语叙事，以符合场景特点、内涵丰富的话语来引导主体进行体悟、思考和反思，建构审美情境。形式方法新颖、充分凸显创造性、具有一定挑战性以及良好社会价值的劳动内容，往往更能让学生热爱劳动，例如带领学生到真山真水之间、美丽乡村之中开展劳动，运用虚拟仿真、人工智能、大数据等现代信息技术，以虚拟劳动场景来创新体验方式，增强劳动教育内容的应用性、互动性、趣味性，这些都能达到较好的教育效果。

总之，教师需要优化、整合影响主体的外部环境因素，塑造良好的教育环境，通过校内外多元空间平台的打造，通过作用于主体的视觉、听觉、触觉，以及将主体身体感觉引向审美感受的做法，隐性地传输价值观，使学生愿意劳动、乐于劳动。正如卡尔·雅斯贝尔斯所言："所谓教育，不过是人对人的主体间灵肉交流活动（尤其是老一代对年轻一代），包括知识内容的传授、生命内涵的领悟、意志行为的规范,并通过文化传递功能,将文化遗产教给年轻一代,使他们自由地生成,并启迪其自由天性。"[1]这里的"自由天性",即在建构学生经验世界的基础上,促成学生的价值观内化和深层审美心理结构的形成,使学生能自觉发扬独立的人格精神,具有创新意识与审美人格。因而,教师也要充分尊重学生的主体意识,发挥学生的主观能动性,重视学生的持续成长,注重课堂上的师生互动、学生之间的探讨、学生的展示汇报以及课余的自主学习探究等,同时应重视学生个体的兴趣与需求、未来职业规划。

从教育学角度来看,个性就是个体独特的社会性,在劳动教育中,个性与社会性是不可分离的,劳动教育需以培养学生的独立思考能力、独立人格为前提,要平等对待每一个学生,尊重个体的生命价值,尊重个体的性格、志趣、能力、情感以及在社会交往中的人格特征,包容个体的缺点,也要引导个体认同社会性、规定性,并提升个体的道德水平、审美趣味、理性思维、感性认知、社会认知能力。正如苏霍姆林斯基等教育家提倡的那样,当人在劳动实践中得到比物质满足更重要的财富的时候,人的才能和天资就能得到充分的发挥,而劳动就变成了快乐的来源。在这个过程中,教师要善于发现每个学生的闪光点,因材施教,也要发现每个学生的成长空间,引导其在社会认知和交往能力、自我发展能力的提升中,将"自由天性"转化为促进社会发展的"类特性",达成自我与社会的和

---

[1] 卡尔·雅斯贝尔斯:《什么是教育》,邹进译,生活·读书·新知三联书店,1991,第3页。

谐。总之，个性的发展是以社会的发展为基础的，教师需要把握好个性发展与社会规定性之间的关系，在两者之间保持合理的张力。

信息技术时代的劳动在手段、形态、场景等方面发生了巨大变化，创造性劳动、跨学科劳动、跨界劳动以及人机协作能力、互联网思维、自主学习能力的培养等，为劳动教育提供了新的内容与理念，需要教师为学生提供更广阔的学习空间，使学生更好地适应社会经济文化发展。目前，一些高校也尝试在劳动教育改革中积极引入"互联网+"的理念与思维，但距离劳动学习方案的定制化、智能化设计还有较大的距离，还有待运用大数据采集分析，提升劳动教育的全过程信息化管理水平，实现优质教育资源的跨区域、跨校、跨界共享共用，形成校企社会多元协同的劳动教学主体结构。长远来看，为学生提供特色化、个性化以及支持自主持续学习的劳动教育内容，是解决目前劳动教育内容单一、模式单一、学生学习兴趣不高等问题的关键。

二、真善美的统一

劳动教育的最终目的是培养全面发展、自由自觉的人，大学生学习的目的并不只是求知，而是以知识服务于社会实践的开展以及理想生活的实现。"真善美统一的基础是人类自身的存在方式——实践活动及其历史发展"[1]，人类的生存方式决定了人需要在世界中探索真理，在实践中寻求美德，这也正体现

---

[1] 孙正聿：《哲学通论（修订版）》，复旦大学出版社，2005，第185页。

了中国儒家哲学精神和道德伦理境界。在中国儒家哲学看来，人不仅要"知之"，更要"好之"，即自觉地将"真"融入道德生活之中，自觉地以社会道德规范来进行思考和行为，这样"真"才有价值。可见，真与善是无法分割的，真必然以"至善"为目的，为"向善"提供必要的能力和意识。

"至善"是达到"至真"人格修养的最高标准，"至真"者，不仅具有从事社会实践的能力素养，更具有"向善"的主观意识。当然，这种主观意识并不止于道德伦理的自觉，还在于不受外界约束、内在地生发出以此为乐的情感，在求真求善的过程中能够感到愉悦和幸福，即"求仁得仁"的精神超越，这也是中国人所追求的理想人格和生命境界。这种境界正如宗白华所言，"向自己的真性情、真血性里掘发人生的真意义、真道德"[①]，这就是审美的最高境界。回到劳动教育来看，高校要培养的不仅是遵纪守法、恪守诚信、职业道德品质优良的劳动者，以及全面掌握劳动技能，能自主求真、不懈探索创新的劳动者，更是具有自律性的、人格完善的个体，能够自觉地从真与善的事物中洞察美，能够在个人的美好人生与理想社会之间找到平衡、充分感受和谐之美的个体。

具体来看，真的劳动、善的劳动与美的劳动也是相互依存、无法分割的。首先，美的劳动与善的劳动是融为一体的。美的劳动所追求的精神境界，是对"至善"道德境界的生动体现，是对劳动者理想人格的积极实现。美的劳动必然崇尚社会

---

① 宗白华：《美学散步》，上海人民出版社，1981，第223页。

价值规范，充分发挥劳动者的主体性、创造性，有助于建构劳动者的道德境界。冯友兰曾以"道德境界"来阐释美德的内涵，认为真正的道德价值只能蕴含在道德境界之中，而只有生活在道德境界中的人才称得上贤人。这样的人不为追求利益而劳动，也不会受制于外在环境，而是自发地以求善为目标，同时通过劳动来进行美的创造，乐于以劳动来体现自身的生命价值。美善融通的劳动使劳动者真正成为自觉自愿开展实践的主体，并通过劳动树立社会责任感和主人翁意识，在追求"至善"的劳动中充分进行对自然、社会及人自身的审美体验。因此，教师需要引导学生超越功利与利益追求，从道德境界的高度感知劳动的美，自觉地在美的劳动中实现理想生活、建构理想人格，在奉献中收获自身的幸福，在自由的劳动中真正占有自己的本质。

其次，真的劳动与善的劳动也是相互联系的。善的劳动必然以真的劳动为基础，同时也指向对真的终极追求。这里的"真"，不仅包含科学的劳动知识技能、合理的劳动实践方式等，还包含无私奉献、诚实守信等劳动的目的、动机。例如，"诚实劳动"就是典型的、既真且善的劳动，那些生产假冒伪劣产品的劳动，其动机纯粹是为了经济利益，对消费者产生了极大的危害，为社会带来的是负向的价值，是伪的、恶的劳动。因此，教师要积极引导学生遵守职业道德、法律法规，将诚实精神贯穿于劳动实践中。

真的劳动不仅需要为社会、为人类创造积极的能量、正向的价值，能够合乎科学规律，还需要符合劳动者的意愿，而非使劳动者处于被迫的境地，违背其自由自觉的本质。就此而言，"诚实劳动"同时也是劳动者生命价值的实现。习近平总书记曾指出："劳动是财富的源泉，也是幸福的源泉。人世间的美好梦想，只有通过诚实劳动才能实现；发展中的各种难题，只有通过诚实劳动才能破解；生命里的一切辉煌，只有通过诚实劳动才能铸就。"[①]可见，"诚实劳动"不仅意味着掌握科学方法，应对国家发展难题、攻坚克难，实现中华民族伟大复兴梦，还意味着每个劳动者都能向着美好人生的理想进发，实现自己的人生价值，从而使全社会能够形成崇尚劳模精神、工匠精神的积极氛围，让中国特色社会主义劳动观成为全体劳动者共同信仰的价值理念，成为每个劳动者道德境界的重要支撑。这样的劳动观，真正将真的劳动与善的劳动融合起来，让主体发展与社会发展形成和谐关系。

最后，美的劳动实现了真的劳动与善的劳动的高度统一。美的劳动以主体的生命存在和理想生活、人格建构为中心，一方面体现了劳动者对劳动伦理精神、法律规范、职业道德的积极内化与自觉践行，实现了与善的劳动的内在统一；另一方面体现了劳动者积极探索改造世界的科学方法、对劳动对象进行美化创造的自觉追求，两个方面共同促使劳动者的实践达到自由的境界。真善美高度统一的劳动，让劳动者在改造外界的同时也全面地发展自身，在创造劳动价值的同时创造了美好的社会、美好的生活、美好的人生，也让劳动的动机、过程和结果

---

① 习近平：《习近平谈治国理政》，外文出版社，2014，第46页。

实现了有机统一。因此，真善美的结合是劳动教育审美化逻辑的体现，也是合规律性和合目的性统一的劳动教育的必然要求。教师唯有始终站在真善美结合的高度上，才能充分把握、深刻理解劳动教育的目标，合理建构教育的维度与系统化的教育内容，践行以人为本、知行合一的教育理念。

三、理性与感性的统一

从劳动教育的微观层面和实施过程来看，审美化的逻辑还体现在主体的理性与感性的统一上。劳动与美的本质都指向人的自由，劳动教育的终极意义在于培养自由自觉的人，那么人的自由如何实现？回到人自身来看，感性与理性的平衡是基础条件。随着当代科学技术的发展和法制社会的形成，人们对事物的理解、对行为的指导都越来越依赖于概念和规则，人们的道德情感、审美直觉呈现出日益弱化的趋向，感性思维与理性思维之间呈现出不平衡的状态；而审美的意义就在于，让人从物质状态的生存自由地转向道德状态的生存，让人的意识、思维、道德与情感达成和谐共生，共同促进人的全面发展。因此，美育的功能就在于，围绕着感性与理性的和谐，促成受教育者的人格健全与精神解放。从马克思主义的立场来看，人的自由解放的动力源于生产劳动实践，人只有在实践中才能展现完整的人性和全部的生命，这就为我们从理性与感性融合的角度阐发劳动教育的逻辑理路提供了重要启示。

正如前文所述，人的心智发展、创造性的思维活动与劳动实践都与身体感受相关联，劳动为智力与体力、创造力的共同发展创造了条件，也促进了人的感性与理性的统一。具体来看，人在劳动中通过对客体对象的改造，实现了本质力量的对象化，而这一过程始终伴随着超越利益之外的审美体验。人的感性需求及能力、人的精神世界，都在劳动成果中得到了体现，越是美的劳动越能增强人的感性需求和感性能力，也就越有益于人的成长。因此，教师需要重视对学生感性能力的培养，始终以学生的情感成长、精神成长为导向，而不能仅仅侧重于知识技能的传授和劳动成果的完成。教师要善于激发学生的劳动热情，引导学生体悟劳动过程的美，将理性的劳动价值观念内化为感性的美德，转化为驱动自身成长的精神动力。事实上，感性教育、情感教育、心灵教育都有利于学生劳动价值观的形成。渗透在感性之中、自觉催发出的认知，能够推动学生持续性地、自主地探索劳动知识技能、勇于开拓创新，自觉地以价值观来指导实践，进而源源不断地从实践中获得丰盈的情感。简而言之，从情感体认到价值追寻再到更高级的情感体认，这一完整的情感运动过程呈现了劳动教育审美化作用于学生成长的逻辑。

教师不仅要推动学生的情感运动，还要善于引导学生在情感运动中理性地审视自身的行为，超越和扬弃利欲满足带来的低层次快感，自觉地生发感性生命的意义，以美的规律来实现自我。劳动教育致力于生命的终极关怀、建构高远的人生境界、塑造理想的人格，而这一过程实际上就是促使主体不断自我实现的过程。人类与动物的本质区别就在于，人类总是通过超越外部生活来实现生命价值，以满足自身的精神需求。亚伯拉罕·哈罗德·马斯洛则将这种超越性的自我存在视为人的"类本能"，同时也是人的最高层次的需求。要实现这样的需求，就需要淡化先天因素对人的影响，强化后天环境因素的作用，教育在这里就发挥了关键的作用。在劳动教育中，主体超越生理上的、物质上的需求，通过追求真善美来获得高级的体验，即一种在实践过程中产生的心理世界，也就是马斯洛所说的高峰体验。它让主体哪怕历经艰辛，也能感受到发自内心的愉悦、满足、兴奋，身体上的疲累丝毫不影响主体内心的活力，反而增强了主体的深层意识，使其意志坚定、意气风发、思想充实、胸襟开阔。这种体会是刻骨铭心的，能够改变主体的世界观、人生观，对其生活态度发生深远的影响。

感性与理性的统一还体现在人的认知特点上。真善美分别对应着认知价值、伦理价值、审美价值，三者共同建构了主体的精神价值，这些价值的获得即主体自我实现的过程，这个过程离不开主体日积月累的实践，也离不开主体认知、情感、意志的自由发展，这个过程促成了主体的本质力量的全面发展。在马克思、恩格斯看来，自由地发展全部的体力和脑力、一切肉体和精神的能力，自由地发挥全部的力量和才能，这就是共产主义社会中每个成员获得解放的过程。在这个过程中，认知是最基础的，它也显现出感性与理性的高度统一。人无法即刻就把握住事物的全部本质或整体，认知过程是一个由具体的感性认知到抽象的知性认知，再发展为具体的理性认知的过程，或者说是人的思维从形成表象到分析再到综合的活动过程。但即使是对事物表象的认知，也都是具象与概括结合的产物，脱离不了分析与综合,概念也是在表象认知上形成的,所以说认知是一个感性与理性结合、螺旋上升的过程。

与感性认知、知性认知、理性认知对应,人的认知能力由感性能力、知性能力和理性能力构成。张玉能对此进行了阐释:"感性能力是凭借感觉器官把握对象的具体经验现象性质状态的能力",主要包括感觉、知觉、记忆、联想、想象等能力,"知性能力是人通过概念、判断、推理的分析把握对象的抽象本质的能力","理性能力是人通过概念、判断、推理的综合把握对象的具体本质的能力"。"人的这些认知能力是在人类社会实践的过程中产生发展起来的,它们构成一定的认知结构,并沉积在深层心理结构和深层审美心理结构中,成为'动力定型'的条件反射活动,使得人的认识活动系统化、自动化、自由化。"[1]"人的认知能力结构在人的深层心理结构中积累沉淀下来,尤其积淀成了深层审美心理结构。这是因为人的一切生产(物质生产,话语生产,精神生产)就其本质而言都是'按照美的规律来构造'的活动。"[2]因此,当我们以劳动来培养人的时候,不仅要促使学生通过感觉、知觉、想象、联想、思考等活动来达成对劳动精神的认知和理解、对劳动知识技能的分析与综合运用,还要着眼于学生的深层心理尤其是审美心理结构的塑造,通过审美心理结构来促进真善美有机融合、知感行合一,系统提升学生的认知能力、道德能力和身体能力。

---

[1] 张玉能:《深层审美心理学》,华中师范大学出版社,2018,第501页。
[2] 张玉能:《深层审美心理学》,华中师范大学出版社,2018,第501页。

例如，在工艺美术创造劳动过程中，可以先让学生考察博物馆、美术馆、工作坊等场所，了解工艺美术的历史文化知识，参观静态的工艺产品，观摩手工艺人动态的创制过程，从丰富生动的形象中充分感受工艺产品美的价值和属性，进而在自己的审美意识中形成审美意象，然后再加深对工艺美术历史文化及创造理念的系统认知，最后进入创作环节，通过自己的手工制作和创造，生成审美情境、审美趣味、审美意志。这个过程并非依赖一般的逻辑思维来形成概念，而是始终伴随着美的形象，经由感性认知—知性认知—理性认知的逐步深化，最终形成对工艺美术产品及文化的审美观念、审美理想，并提升审美能力，形成审美直觉。这种审美能力和直觉是感性与理性因素共同积淀的产物，它们作用于学生的审美意识甚至是潜意识结构，在学生的劳动实践中反复积累，促使学生持续地在劳动实践中产生联想、想象，唤起其审美记忆，推动其形象思维，并在此基础上组合出新的审美表象世界。正是这样在长期的实践中不断生成的审美意识与无意识结构，为学生自由自觉的劳动提供了必要的条件。

当然，这个过程绝不是无序的，而是与知性能力关联并受之规范、引导的，同时也不能以感性认知能力来替代理性认知能力。教师需要引导学生运用概念、知识去分析、归纳自己的感受与理解，并按照合乎对象特质的科学方法改造对象、进行创造实践。倘若缺失了理性的引导，感性认识将不可避免地陷入片面、盲目，结果将导致失败的甚至是破坏性的劳动。因此，在工艺美术劳动实践中，学生需要掌握对象在材质、色彩、造型等方面的特征，了解该类工艺美术传统蕴含的文化基因以及发展规律，从而既能够传扬其精华，又能够合理地从当代生活实际需求、技术发展出发进行创新，这样古今融合的辩证思维过程显然离不开理性综合能力。

第三章
生态文化自信下的高校劳动教育审美化实践

　　树立生态文化自信，是当下我国高校劳动教育的重要目标之一，旨在促成人与自然、社会的和谐共处，将学生培养成全面发展的社会人、生态人。落实到育人实践中，需要教师以生态系统理念来建构内容体系，尤其要重视生态话语的融入与学生审美心理结构的生成，以文化人、以美育人。在这个过程中，教师不仅要传授生态哲学、生态美学及相关专业知识技能，还要通过审美体验与情感认同来引导学生积极思考和践行，结合时代语境与现实问题理解人与自然、社会的关系，树立生态价值观念。同时，也要促使学生以正确的价值观念、科学的思维方式指导自身的劳动实践，在向善向美求真的生态劳动中不断塑造审美心理结构，在自我与外部世界的关系建构中涵养道德生命。

　　由于前文对生态理念的内涵及价值已经做了阐释，本章将结合具体的教育实践，进一步探讨生态文化自信下的劳动育人，并阐发劳动教育审美化的实践路径。在环境劳动和民俗劳动中，文化生产的属性、审美场景与情感体验是十分突出的，其中的科学规律与社会价值集中反映了人与自然、社会共生的美好愿景，而劳动者的自觉也较为典型地体现了工匠精神的当代价值与生命力。因此，本章将围绕以上内容，通过一个个生动的教学案例来探讨生态文化与价值观念如何全面渗透在劳动教育中，以及审美如何促使学生对价值观的"识别"转化为"内化—建构"。

第一节 环境劳动与生态共富

一、美丽乡村建设与生态文化价值的实现

美丽乡村指的是乡村地区通过治理，实现自然生态环境、社会经济、文化传承各个方面和谐发展，创造出一个宜居、宜业、宜游的现代乡村。它不仅包括村容村貌与生态和谐、物质环境的改善，如乡村基础建设、生态保护、村容村貌改善，也涵盖乡村的人文环境、经济建设、乡村治理、村民的生活水平等多个方面。因此，美丽乡村是一个多维度的综合概念，旨在全面实现乡村振兴。美丽乡村建设是指通过科学规划、综合治理、文化传承和生态保护等手段，改善和提升乡村的生态环境、经济结构和社会文明程度，实现乡村的可持续发展。同时，在建设良好的乡村环境、提高乡村居民的基本生活质量的基础上，我们也能为城乡协调发展做出巨大贡献。

近年来，国家陆续设立了社会主义新农村建设的新目标，部署了社会主义新农村建设的新任务，这些战略发展决策都

是在总结社会发展经验的基础上，结合农村改革发展趋势，结合全面建成小康社会的要求而制定的。例如，2023年出台的《中共中央 国务院关于做好2023年全面推进乡村振兴重点工作的意见》提出，要"建设宜居宜业和美乡村"[①]，将"美丽乡村"转变为"和美乡村"，虽然只是一字之差，却将乡村建设和乡村文化、乡村治理、乡村人才培养结合在了一起，指出乡村之美不仅是乡村的形式美、环境美，还应该是通过环境治理达到的人与人的和谐、人与自然的和谐。"和美乡村"是乡村建设内涵的丰富和扩展，"宜居宜业和美乡村"将进一步扩大乡村的吸引力，留住乡村文脉，营造乡村的和谐生态，提升村民的幸福感。

总体上看，美丽乡村建设在人—自然—社会和谐的维度上，生动反映了生态文明的当代价值。作为典型的新型文明形态，生态文明形成于原始文明、农业文明以及工业文明之后，更符合人与自然、人与社会和谐共生的发展要求。生态文明建设旨在满足社会持续繁荣发展的需求，要求人类在不同类型的经济活动以及行为的实施过程中，不违背自然发展规律，注重对生态环境的保护，同时注重对和谐社会关系的治理，这样才能够维持经济、社会、环境协调发展的良好状态。

生态文明的内涵十分丰富，其社会主义核心价值观集中反映在生态文化上。近代社会的"人类中心主义"观念，过分强

---

① 央视网：《中共中央 国务院关于做好2023年全面推进乡村振兴重点工作的意见》发布，2023，https://news.cctv.com/2023/02/13/ARTIhAQGo6sQ1ZsdDE82R6Gn230213.shtml。

调人的价值，却忽视了自然的价值，由此引发的生态环境恶化、资源枯竭以及频繁的生态灾难，严重制约了人类社会的进一步发展。在这样的背景下，人类开始重新审视自身与自然的关系，将人的价值与自然的价值融为一体，从而诞生了生态文化的基本价值观。生态文化将人类社会与自然界形成的共生精神特征完整地展现出来，它以文化的形式，将人类对自然的认知与改造的优秀成果加以积淀和传承，汇聚了人类的思想智慧与实践经验的精华。生态文化以系统性思维为根基，视自然界、人类与社会为有机整体，倡导动态平衡与持续演进的理念，依据三者间的共生关系，促进系统内的健康循环过程。随着人类社会的演进与科学发展，生态文化的知识体系不断完善，涵盖了环境容纳量、生态阈值等量化指标，从而实现对生态资源的合理开发和高效利用，以及对人口观念的革新、对人口素质的不断提高等。

生态文化蕴含着丰富的人文哲学内涵，和谐共生、均衡协调和顺应环境等核心观念衍生出独特的社会道德规范。从长远的可持续发展立场出发，生态文化兼顾个体的精神寄托、集体的生存福祉以及自然资源的保值增值，反映了人类对人与自然辩证关系的深刻洞察和不懈追求，反映了人类为了解决其所面临的生态、环境、经济和社会问题，致力于开发适应和改造环境、保持生态平衡、实现人类社会可持续发展的手段和方法，以及保障这些手段得以有效实施的战略、策略和制度。因此，生态文化代表了一种领先的文化形态，它对人与自然、社会的和谐共生提出了明确要求，体现了全社会基于生态关系不断生成的思想、理念、意识，也体现了人们运用这些思想、理念、意识来引导和规范自身行为的社会共识。

围绕美丽乡村建设来看，乡村生态文化的价值是十分明显的，它有益于传承乡村独特的生态文脉，发掘其深厚的文化底蕴，实现乡村文化的当代功能。乡村生态文脉是在人类长期与自然互动的过程中形成的一种文化形态，反映了人类对自然环境的认知、尊重和保护。这种文化传统鼓励人们可持续利用自然资源，避免过度开发，为生态保护和促进可持续发展提供了文化支撑。具体来看，乡村传统的生活劳作方式与生物的多样性密不可分，例如通过植物的种植方式可以有效保护生物的多样性。现如今，很多乡村通过发展特色农文旅融合产业来加强对乡村生态文化的传承，不仅为乡村经济建设提供了指导理念，还为乡村文旅注入了文化内涵。

乡村生态文脉还包含乡村民俗活动、节庆仪式活动等，这些都是生态文化传承的重要载体，生动地呈现了人们对自然的敬畏之情，同时也有利于增强乡村的精神凝聚力与社会空间治理。这些文化中蕴含的人与自然和谐共处的生活方式，在当下仍具有强大的生命力。例如，通过参与乡村生态旅游和生态劳动实践，都市人能够放慢生活节奏，享受自然之美，有益于获得精神满足、保持心理健康、提升生活质量，同时对环境保护的重要性、乡村文化传承的价值形成有效认知，并自主参与到不同类型的环境保护活动中。而对于乡村现代治理来说，乡村生态文化中的道德伦理内涵也具有积极作用。例如，除了倡导节约精神和珍惜资源的观念，乡村生态文化中还蕴含着种种村规民约、典范规则，这些文化在乡村发展中起着指导思想、规范行为等多重作用，对乡村精神风貌产生重要的影响。

乡村生态文化建设不能忽视村民的获得感，因此地方政府部门需要建立有效的乡村建设评估体系，强化乡村振兴战略和生态文明建设的执行，切实保护村民的基本权益，改善村民的生活福利，确保乡村发展的成果真正惠及村民，不断提升他们的幸福感、满足感和安全感。目前，一些乡村仍缺乏自觉的景观建构和遗产保护意识，导致了"识别危机""记忆危机""认同危机"，根本问题在于人们仅仅注重外部环境对主体的制约和影响，相对忽视主体在生态文化建构中的能动性以及生态系统的文化功能，这也成为我国乡村生态文化建设中的深层次生态难题。例如，一些乡村缺乏对生态文化资源的自觉保护与创新发展，在打造文化景观、开发旅游资源的过程中，忽视了特色资源优势与深层的生态文脉，同时也未能将这些资源开发与村民的生活方式、居住空间的变迁进行协同、调和，进而导致村民主体性的丧失以及文化记忆的缺失。就此而言，在乡村农文旅的发展中，人们需提高警惕，不要将乡村改换为城市居民休闲的临时之地，而是要将其打造成为村民安居乐业、追求幸福生活的理想家园。

基于此，生态劳动教育需要引导学生将乡村生态文化视为活态的物质与文化生产力要素，以及乡村社会空间构成的一部分和乡村文化演进的基因，才能促使其真正掌握"人、产、村"融合发展的科学规律，积极发掘和释放乡村生态文化资源的活力。我们尤其需要思考如何通过自然景观资源与文化生产融合的创新实践，打造社会成员共同的精神纽带、共同的文化体验、共同的家园感和归属感。近年来，一些研究者运用文化人类学、景观人类学等理论方法，对乡村自然景观、建筑、历史遗迹等具有的物质与精神元素及文化表征机制、空间塑造功能进行了探讨。例如，日本学者河合洋尚提出"多相"概念，即"一个景观中既有政府、媒体或学者所生产出来的具地方特色的景观，又有当地居民生活实践中形成的景观"[1]，并强调景观图像被多个主体反射到社会现实的过程，以及居民的生活实践、生活经验、记忆等赋予物理环境的意义。而从目前一些乡村生态资源的开发来看，很多乡村仍缺乏对当地人文的聚合提炼，缺乏对乡情、文创、叙事与乡村文化空间的精准治理，导致目前出现了有景观无内涵、有产业无文化、有特色无灵魂等问题。因此，在教学中，需要让学生深刻理解乡村生态文化的价值，反思现存的问题，从乡村生产和生活实际出发，尊重村民的主体建构，探寻传统文脉转化为当代价值观的路径，探索与村民的当代生产生活方式相适应的新兴产业文化和生活文化，最终形成独具一格的乡村生态文化。

乡村生态文化价值的实现取决于多层面因素的共同作用，为美丽乡村建设提供了基本目标与实践路径。美丽乡村建设涵盖了乡村的自然环境改善、文化传承、经济发展等多个方面，而生态文化建设体现了生态系统的保护和修复、资源的高效利用以及环境友好型社会的建构，两者互为表里。通过美丽乡村

---

[1] 刘正爱：《景观意味着什么？——从河合洋尚〈景观人类学的课题〉谈起》，《广西民族大学学报（哲学社会科学版）》2016年第1期，第87页。

建设，可以推动生态文化在乡村地区的传播、实践、传承和创新，提升村民的生态意识和环保意识，促进其对现代治理及科学发展理念的认同；而生态文化建设也为美丽乡村建设提供了有力保障，为乡村发展指明了绿色、可持续的道路，也为村民的精神世界建构提供了支撑。

美丽乡村建设与生态价值的实现，不能仅仅依靠村民的自发行为，而是需要各领域的专业人员进行协同创新，才能科学地解决复杂的生态治理问题。据笔者多年参与美丽乡村建设和生态治理的实际经验来看，解决这些问题需要有扎实的专业知识、技能以及良好的综合素养，更需要有一颗热爱乡村、愿意为之奋斗的赤子之心。但是从以往高校人才培养的情况来看，乡村振兴人才质量并未得到应有的重视，专业教育大多围绕城市发展和建设展开，学生对乡村了解甚少，更缺乏在生态视域中看待、思考乡村问题，以及将专业知识技能转化为解决实际问题的方法的能力，难以很好地树立服务乡村、投身实践的劳动精神。因此，近年来高校逐渐重视乡村劳动教育的开展，不少师生团队纷纷赴乡村考察调研，以专业之长服务乡村经济文化发展，同时让学生在接触乡村、了解乡村、体验乡村的过程中，获得真知灼见，感悟乡村文化之美，形成深层审美心理结构，树立生态文化自信，这些活动取得了累累硕果（见图3.1）。

在笔者看来，乡村振兴人才的培养离不开教学目标、教学内容、教学方法上的系统设计，而这些设计需要以生态文化价值的实现为中心，以学生的成长为根本。因此，在生态劳动教

图 3.1　高校师生开展乡村调研及提供相关服务

育中,首先,要加强学生的生态文化教育,提高学生的生态素养,以推进生产、生活和生态和谐发展的整体视域来深入、全面地发掘乡村生态文化的价值及内涵,以此树立学生投身乡村生态文化建设的理念。

其次,要加强学生对乡村生态文化知识的了解,例如笔者所在高校依托"绿水青山就是金山银山"理念发源地的生态文脉,充分利用美丽乡村的生态文化资源来建构知识谱系,积极挖掘本土的生态资源来建构教学场景,为学生创造理解生态文化知识的良好环境。为了让学生形成系统全面的知识结构,教师需要将生态文化知识与专业知识有机融合,在劳动实践中加强对生态专业科学知识的普及。

再次，要着眼于乡村生态文化产业转型升级与村民幸福生活的实现，来系统建构劳动教育的内容体系。其中的关键在于挖掘并充分利用乡村的独特生态资源，引导学生结合农业、旅游业的融合发展新模式，通过专业劳动实践将地方生态文化融入当代生产和服务中，建设具有浓郁乡土气息的自然景观、居住空间、游览休憩空间等，建构一个生产、生活和生态有机融合的、良好的综合生态体系。此外，需要引导学生探索提升产品生态价值的科学方法，持续优化生态文化产品供应，驱动乡村产业朝着绿色、低碳的方向转型和升级。

最后，要建立常态化的生态文化教育机制，培养学生的生态伦理价值观，充分发挥生态文化教育对学生自主探求、自由实践的持续影响力。与此同时，教师还要在劳动教育中丰富乡村生态文化教育的场景与形式，例如可利用乡村图书馆、文化中心等多元场景与不同的媒体渠道，来持续深入地开展生态教育活动（见图3.2）。

二、农耕文化的景观化传承

作为人类发展历史最为长久的原生性遗产文化，农耕文化根植于乡村土壤，与农民的生产方式、生活习性、自然生态资源的关系十分密切，既生动呈现了天人合一的哲学思想，也具有显著的民俗文化特征。中华传统农耕文化十分尊崇自然规律，讲究"天、地、人"的和谐，强调人与自然的共生，主张应时、取宜、守则、和谐，因此农业生产活动严格遵循自然节气和气候变化，体现了"不违农时"的传统生产智慧。我国拥

图 3.2　苍南县八亩后村调研茶叶基地的教学活动

有丰富的土地资源,在不同区域范围内形成的农耕文化也各有特色。从南方的梯田文化到北方的游牧文化,从东部的沿海平原到西部的山地高原,农耕文化的地域与民族多样性充分体现了人与自然环境相互依存的生态系统、经济系统与文化系统。农耕文化在乡村振兴和可持续发展中的前景与作用是多方面的,具有深远的意义。农耕文化是乡村文化的核心,它不仅承载着历史与传统,还蕴含着丰富的生态智慧和生活哲学,为守护和发扬乡土文化提供了根基,为乡村振兴与长远繁荣的并行推进提供了思想资源。

农耕文化不仅是中国传统文化的重要组成部分,而且是现代社会可持续发展的重要精神财富。农耕文化承载着中华民族几千年的历史记忆,它记录了先民们与自然和谐共生的智慧,反映了人们对自然环境的适应和改造，农耕文化中的生态智慧也为现代社会提供了宝贵的生态保护和可持续发展的经验。以科学的生产方式来促进新质生产力的发展，以健康的生活理念来保护环境生态，是当下及未来社会经济可持续发展的关键，而农耕文化中蕴含的生态农业知识和技术，如轮作、间作、自然农法等，为现代农业发展提供了宝贵的经验和启示。劳动者通过借鉴和应用这些传统农耕技术，结合现代科技，发展生态农业、循环农业，有利于提高农业生产的可持续性。与此同时，积极倡导生态农业和循环农业，有助于保护乡村的自然环境，提升农产品质量和农民的经济收益。

农耕文化中的社会伦理和道德规范，如"以和为贵""邻里守望"等，对于促进社会和谐、增强乡村及社区凝聚力具有重要作用，也有助于培育良好的社会风尚和道德风尚。同时，农耕文化中蕴含的勤劳、节俭、坚韧等精神品质，对于大学生的教育和成长具有积极影响。通过学习和体验农耕文化，大学生可以培养劳动观念和精神品格，增强他们对传统文化的认同和尊重，因此农耕文化也是大学生树立文化自信的重要思想来源。农耕文化还包括丰富的节庆民俗活动等，是保护民族文化多样性和促进文化传承的重要载体，也为乡村旅游和特色产业发展提供了宝贵资源。随着大众对健康生活及精神追求的日益重视，乡村旅游业呈现出蓬勃发展的态势，不少乡村通过打造特色农耕文化体验项目和文化产品、举办农事节庆活动等方式，吸引了大量游客前来体验，带动了地方经济发展，增加了农民收入，也很好地促进了地方农耕文化资源的保护以及生态文化价值的传播。

基于此，高校劳动教育需要充分挖掘、梳理农耕文化知识与内涵，围绕农耕文化在当代社会经济文化建设中的价值与活化传承的规律，建构丰富的话语体系，主要包括以下层面：第一，生态智慧的传承。高校劳动教育促使学生理解农耕文化中的"节用物力"等生态智慧在当代社会生态文明建设、经济文化发展中的意义，从根本上把握新质生产力发展的科学规律，并自觉指导自身的生产劳动实践。第二，文化多样性的保护。高校劳动教育促使学生了解与农耕文化相关的地方传统节庆、景观建筑及文化艺术等特色遗产资源，树立文化自信与科学发展观，并自觉指导自身的文化创新实践。作为乡村的核心精神资源，农耕文化在当代文旅产业中的价值日益凸显。通过投身农耕文化资源开发转化，学生能够锻炼思维能力，提升解决实际问题的专业能力与综合素养，也能够在促进乡村经济、社会以及生态发展的实际效果中获得成就感，生成塑造劳动品格和文化自信的内驱力。第三，社会和谐与道德教化。农耕文化包含众多道德规范以及人文精神内涵，这些内涵为社会主义核心价值观提供了源头活水。例如，农耕文化所蕴含的"耕读传家""孝老爱亲""兄友弟恭"等思想观念，为家庭建设提供了重要思想滋养，为维护和谐家庭环境提供了伦理支撑。这些融于日常生活中的道德观念深入人心，成为建构美丽乡村、和谐社会的道德规范，对维护社会和谐稳定具有重要价值，引导学生了解这些文化内涵，有助于培养学生良好的社会人格，提升其对生命意义的认知。

综上所述，农耕文化为建设农业强国和实现乡村全面振兴提供了坚实的文化支撑和精神力量。以乡村为课堂、以生态为视域的劳动实践，则成为培养生态人的重要途径，教师要立足农耕文化的保护、传承和创新，引导学生积极开展实践，促使这一宝贵的文化遗产在新时代焕发新的活力，同时也让学生在其中获得深厚的文化滋润、丰富的审美体验，成长为美丽乡村的建设者、美好生活的享有者。课程内容可以围绕农耕文化的景观化传承，从乡村特色农业生态物产的保护与发展、自然景观资源的创新利用、乡村整体风貌的提升等方面进行系统设计。

农耕文化的景观化传承是指将农耕文化以景观的形式进行展现和传承，通过具体的物理空间和视觉形象，使人们能够直观地感受到农耕文化的魅力和价值，这不仅有助于保护和弘扬农耕文化，还能够促进乡村旅游和经济发展。具体而言，景观化的农耕文化可以成为吸引游客的重要资源，通过打造特色农耕文化景观，可以促进乡村旅游业的发展，带动当地经济的增长，实现文化与经济的双赢。农耕文化的景观化传承还有助于保护乡村文脉，增强村民的凝聚力和身份认同。传统农耕工具、灌溉系统、农作物等的展示，都有助于人们更好地理解农耕文化的历史背景、生产方式和生活习俗，从而增强对生态文化的认同。

特色农业生态物产是农耕文化和乡村多样性生态的重要组成部分，其种类与分布受到自然条件和地理环境的影响，体现了乡村的自然资源禀赋，其种植过程也承载了丰富的农耕文化传统。例如，山区村落可能以种植特色药材或茶叶为主，而沿海地区则可能以养殖水产或种植特色水果为主。这些物产及种植、养殖方式往往具有鲜明的地域性，成为当地生态系统和农业生产方式的独特体现。然而，随着乡村空间的变迁、当代生产及生活方式的变化，这些特色农业生态物产的保护与发展面临着诸多挑战。特色农业生态物产保护依赖良好的生态环境以及特定的传统农业技术，而一些乡村在城镇化进程中，因年轻一代大量外出务工而屡屡出现空心村的现象，传统农业知识、技能缺乏传承人。因此，教师可以引导学生投身特色农业生态物产的保护与发展，通过技术进入乡村、树立乡村产品品牌、做好市场推广等方式，大力发展乡村经济，使特色农业生态物产保护与发展进入一个良性的循环。

自然景观是乡村农耕文化的构成要素，它们不仅为当地居民提供了宜居的生活环境，还具有丰富的观赏价值、生态价值和旅游开发潜力。乡村的山水景观通常由山脉、河流、湖泊等自然资源构成，是维持乡村生态平衡的关键，为野生动植物提供了栖息地，有助于保护生物的多样性。这些景观还具有特定的文化内蕴与极高的观赏价值，例如，峻峭的山峰、宁静的湖泊、潺潺的溪流等自然美景，往往与乡村人文风俗融为一体，承载着诗词歌赋、神话传说，成为地域文化精神最为直观和生动的符号，不仅为绘画、文学等艺术创作提供了无尽的灵感，还为旅游产业发展提供了良好的天然条件。因此，生态劳动教育不仅要让学生掌握生态知识，还要以美为媒，引导学生在山水之间充分感受乡村自然之美、人文之美（见图3.3），促使其认同乡村生态文化，自觉保护自然资源，在改造乡村风貌和促进旅游资源开发转化的实践中，树立以人为本的理念，科学把握传承保护与创新发展之间的辩证关系。

田园景观也是乡村最具代表性的景观类型之一，主要由农田、农作物、农舍等元素构成，不仅展现了乡村的宁静与和谐，而且反映了农耕文化中蕴含的中华哲学精神、美学品格。田园景观四季变换的自然风光，如春天的油菜花、秋天的稻田等，为游客提供了亲近自然的机会，其超然世外、返璞归真的"休闲"美学特质也为都市人寻求精神慰藉提供了场所。在学生考察田园景观的过程中，教师可以运用田园诗词或者当地的歌谣、民间故事等文学艺术作品来启发学生对田园景观的审美，促使学生生成感性的审美意象，进而能够自觉探索景观改

（a）

(b)

图 3.3 学生在乡村采风写生

（源自：浙江科技大学艺术设计与服装学院微信公众号）

造的规律，发掘这些景观的文化内涵。再如乡村森林景观，也是生态系统的重要组成部分，其丰富的植被、清新的空气为野生动植物提供了生存空间，对于调节气候、保持水土、吸收二氧化碳等也至关重要。近年来，国家日益重视乡村生态资源保护，"原生态"的乡村自然景观不仅促进了低碳乡村建设，还为乡村旅游产业提供了良好条件，森林浴、野生动植物观察等活动越来越受到游客的欢迎，引导学生充分认知"景观"价值及建构规律也成为生态劳动教育的重要内容。

就农耕文化景观的建构而言，尤其需要引导学生注重主体经验对景观意义的"领有"，将景观视为塑造公共场所的文化形态，重视其内在的精神底蕴及其作为乡村历史结构和空间肌理的符号功能，结合主体的审美心理、文化需求来探索景观的表征机制与审美特征，充分发挥景观意象空间传播文化理念及建构主体深层审美心理结构的效能。在实践中，要注重文化记忆、历史人文精神与当代人的生存体验的融合，不断建构景观的人文内涵，而不能停留于对景观外部形态的雕琢。因此，农耕文化的景观化传承不仅是产业经济学问题，还是生态人类学问题，不仅是生态资源合理转化的问题，还是促进乡村社会全面协调和可持续发展的文化生产问题。对农耕文化的传承需重视其在历史、社会、经济和生态多方面的价值，要了解农耕文化与其所处的自然环境和社会环境之间的关系，保护其赖以生存和发展的生态系统和社会结构，学生唯有以这样的视域来观照景观建构，才能获得科学的思维方式与实践方法。

农耕文化的景观化传承的落脚点是乡村风貌的提升。乡村整体风貌提升的目标是多方面的，主要包括生态环境的改善、文化传承弘扬、社会经济的发展和居民生活质量的提高。其中，生态环境的改善旨在建构人与自然的和谐关系，保护和恢复乡村的自然景观和生态系统；文化传承弘扬旨在以保护乡村历史文化为基础，提升乡村文化软实力；社会经济的发展旨在提高乡村的经济活力和居民的收入水平，而居民生活质量的提高也与居住环境、文化生活息息相关。正如前文所述，农耕文化资源在上述方面皆有较高的价值，而上述价值的实现也促使农耕文化得到有效保护、合理利用和持续发展。在劳动课程中，学生可以通过开展丰富的景观建构实践对农耕文化进行全方位的保护和活态化的传承，但需要注重以下几个原则。

首先，要充分考虑自然资源的分布和特色，科学规划和打造特色景观及节点，这些节点可以是自然景观的精华所在，如山川、湖泊、瀑布，也可以是人文景观与自然景观的结合，如古村落、传统农耕区。在景观设计中，要注重提升自然景观的艺术性和功能性，通过艺术装置、景观雕塑等元素的设置，增强景观的视觉冲击力和文化内涵；通过建设观景台、步道、休息区等提升功能性，既满足游客的观赏需求，也提供便利的服务设施，还可以通过夜景照明、导览标识系统等设计来提高景观的可识别性和安全性。此外，要注重对这些景观节点的规划和串联，以形成主题鲜明的旅游线路，吸引游客体验乡村的自然之美和文化之韵。

其次，要注重乡村文化的长远发展和对现代社会文明的适应性。这意味着在保护和传承农耕文化的同时，要考虑其与现代社会发展的兼容性，以及对生态资源的合理利用和环境保护，要将农耕文化融入当代人的日常生活中。在实践中，学生不仅需要充分利用自然资源，系统梳理传统农具、灌溉系统、古村落居住空间等物质文化遗产，还要挖掘农耕技术、节日庆典、民间艺术等非物质文化遗产，通过这些资源的有机结合来建构景观，这样不仅能够增强农耕文化的生命力，还能够让更多的人了解和体验农耕文化。在爱德华·希尔斯看来，传统是指"代代相传的事物——包括物质实体，包括人们对各种事物的信仰，关于人和事件的形象，也包括惯例和制度"[1]。正

---

[1] 爱德华·希尔斯：《论传统》，傅铿、吕乐译，上海人民出版社，2014，第12页。

如前文所述，传统农耕文明不仅包含生产种植方式，而且包含历史、宗教、民俗、艺术等在农业社会漫长的发展过程中积淀下来的社会规范、观念精神，兼具物质形态与非物质形态。因此，在乡村景观建构中，人们不仅要保护自然景观资源、传承特色的传统生产劳作方式，还要发掘工艺技术、人文风俗等文化资源，并将这些资源中的社会规范、观念精神转化为当代人的文化理念、精神支撑与行为规范，促使乡村社会空间中的主体能够认同和积极参与农耕文化的传承发展与现代生态文明的建设。

再次，要注重景观空间中的主体性建构。一方面，要充分挖掘农耕文化遗产资源，以便建构文化内涵丰富、审美特色鲜明的景观空间，以及传播文化精神，例如修复和再利用传统农耕建筑。传统农耕建筑不仅是农耕文化的物质载体，而且对提升乡村风貌起到了十分关键的作用，对这些建筑进行修复和再利用，可以保持乡村的历史风貌，同时为农耕文化的展示和教育提供场所。例如，将废弃的谷仓改造成文化展览馆，或者将古宅院转变为手工艺工坊和传统技艺培训中心。同时也要注重发挥主体的能动性，以主体在景观空间中的审美体验和实践行为来活态化地传承农耕文化，比如借助这些景观来开展农耕体验活动、举办农耕文化节庆、开设农耕文化教育课程等。另一方面，要始终注重村民在农耕文化传承中的主体地位。村民不仅是农耕文化的传承者，还是农耕文化保护和创新的推动者，因此学生在景观设计和体验内容策划中，应鼓励和支持村民参与其中，并通过建立乡村博物馆、文化大礼堂等公共景观空间，让村民有机会展示自己的文化成果，分享自己的知识和经验。

总体上，学生尤其需要深刻认知乡村从"功能"到"文化"再到"人文"的现代化转型过程，把握"人、产、村"融合的新型乡村发展模式，树立美丽乡村建设从单一的生态保护进化为"宜居""智慧""创意"等注重"人文关怀"和"以人为本"的科学发展理念，自觉地在劳动实践中将"人"的价值视为终极目标，将"人""村"和谐共生、共同发展以及良好乡村文化生态和文化生产环境的建构视为美丽乡村可持续发展的重要保障。以此为理念的农耕文化景观建构能够有效地保护和传承农耕文化，促进乡村文化的复兴和可持续发展，提高乡村经济社会发展水平，实现乡村文化与经济协同发展的目标。

笔者在劳动课程中，指导学生依据上述价值理念及方法，完成了多个美丽乡村景观设计项目，例如平望镇溪港村茂才港的景观设计。平望镇是江苏省历史文化名镇，隶属于江苏省苏州市吴江区，连接长江三角洲中的苏锡常地区和杭嘉湖地区，拥有丰富的历史文化遗产和美丽的自然景观。京杭大运河是平望镇的灵魂，古老的运河码头、石拱桥和漕运船只都是这座小镇的文化标识。平望镇溪港村为第六批列入《中国传统村落名录》的乡村，风光秀丽，景色宜人，拥有东林桥、大庆桥、东林祠、走马堂楼等文化遗产。在平望镇的藏书中还记载了"韭溪八景"："平沙落雁""芦渚新涨""溪桥晚眺""东林精舍""龙舍渔翁""庙塔灵词""精读夜泊""远浦归帆"。该村并未进行过商业开发和改造，民风淳朴，住户以中老年人为主。笔者首先指导学生对该村的植物、河埠头、景墙等自然人文资源进行了系统梳理和实地考察（见图3.4），然后针对景观所在区域进行了具体详细的调研。调研发现，景观所在区域西面临田，东北面临水，场地开阔，但长期处于荒废状态，植物杂乱无章、河岸坍塌、垃圾堆积、古桥废弃，整体需进行大面积的基础修建（见图3.5）。此外，周边河道水质较好，但村民仅在此河道内进行洗涤等活动，没有任何文化功能开发，也鲜有人前往。

基于调研结果，学生确定了景观设计的功能定位：通过打造一座村庄后花园，为村民提供一个公共活动和休息的区域。学生还针对村落的人口特征，将主要受众人群确定为中老年村

（a）

(b)

(c)

图 3.4 平望镇溪港村资源情况

(源自：团队调研拍摄)

图3.5 景观所在区域调研情况

（源自：团队调研拍摄）

民。设计主题主要为：弘扬耕读文化，打造水漾稻田，体现水稻文明。学生提取了"韭溪八景"中的"耕读夜泊"作为文化内涵来打造河岸景观，提取运谷船和拱桥元素来设计"船坞形"的亲水平台。景观空间细分为六个功能区，分别是：入口、林下空间、菜园、亲水平台、屋后小道和观景台。整个区域能满足村民生产生活、散步观景等多元需求。

景观的入口临近河岸，便于排水，入口区域由三个景观岛组成，象征蓬莱、东瀛、方丈三座世外仙岛；入口区域采用硬质铺装和草坪相结合的模式，硬质部分用水泥和细石子混合涂抹，透水性好，褐色符合乡村肌理；植物方面采用多种地被类花卉和灌木搭配观赏性小乔木构成（见图3.6），在菜园前具有一定的遮挡作用，以增加空间趣味；为了方便村民出行，该区域修建了一条屋后小径，运用乡土植物做宅旁绿化，优化屋后活动空间，以植物构成葫芦的造型，传达吉祥文化的寓意；建筑外壁装饰、汀步与道路镶边的瓦片都从村里搜集而来，凸显了乡村文脉与生活气息（见图3.7）。

亲水平台是该景观建构的重点之一，所在位置即被侵蚀坍塌的河岸，学生首先修整河岸，连接新旧两桥，再借景古桥，与芦苇等水生植物形成独特的驳岸景观。亲水平台的整体造型灵感来自运谷船和拱桥，学生在亲水平台内设计景墙，以提升该景观的文化底蕴（见图3.8）。亲水平台还发挥了河埠头的使用功能，可用于驳船、洗农具、取水、捞螺蛳、钓鱼等，可谓将传统使用功能与当代休闲娱乐功能有机融合，实现了生态文化资源的合理转化。

图3.6 入口改造后的植物景观

图 3.7 建筑外壁装饰设计

图 3.8 改造完成后的亲水平台

学生还将场地内的杂树林进行清理，保留原有大乔木，设计了一个林下休息区。林下空间放置有稻香团圆椅，满足了村民集会与游客休闲观景的需求。团圆椅选用木质材料，冬夏体感舒适，在高度上考虑了老人使用需求，同时内侧开一口，也能够满足家人围坐的需求（见图3.9）。场地周围是大片的稻田，学生因此设计了一个面向稻田和菜地的小型木质观景休闲平台，风景优美（见图3.10）。学生采用传统的借景方式延伸了设计空间，村民和游客可以对坐饮茶，也可以亲近自然，充分体验远离世俗嘈杂的田园景观之魅力。

图3.9 改造完成后的林下休息区

图3.10 观景休闲平台

此外，根据村民的建议，学生设置了菜园，用汀步划分了菜地的区域，可减少村民进入菜地时鞋与泥土的接触（见图3.11）。汀步和镶边的瓦片就地取材，靠近墙一侧的植物带则用佛甲草做成葫芦纹样，空地处用闲置的瓦片设计了一座景墙（见图3.12），这些景观小品为整体空间增添了审美趣味。总体上，这次实践为该村建构了集生活生产、休闲娱乐为一体的田园景观，深受当地村民的欢迎，发挥了良好的使用与审美功能（见图3.13、图3.14）。

图3.11　菜园汀步设计

图3.12　景观小品设计

图 3.13　村民在景观中劳作

图 3.14　村民和游客在林下空间中休憩

除了上述劳动实践，教师还可以充分利用乡村生态文化资源来打造丰富的课程主题内容，以促进学生获得更全面的实践经验与更深入的审美体验。例如，可以组织学生徒步考察野生动植物、自然景观；可以设置插秧、收割、制作传统农具等农业体验环节以及传统手工艺学习等内容，举办农耕技术培训工作坊，教授传统农耕技术知识；还可以让学生参与当地的丰收节、耕牛节等节庆活动，让学生通过亲身参与来体验传统农耕文化的魅力，并且了解农业生产的过程。学校还可以举办相关的文化讲座、展示活动，并利用互联网、社交媒体、虚拟现实等技术建构体验场景，建构农耕文化数字资源库，开发农耕文化在线课程，通过新的途径激发学生的学习兴趣，并且为学生进行自主探究提供必要的学习空间。

此外，高校可以与乡村合作建立农耕文化教育基地，通过设置展览馆、工作坊等教育场所设施，展陈具有代表性的传统农耕景观以及水车、石碾等农耕用具、农耕技术，增强学生对农耕文化的全面了解和审美感受。同时，还可以引导学生将这些农耕文化元素应用到乡村景观建构之中，如利用稻草制作艺术装置、设计以农耕为主题的壁画和雕塑等，在增强乡村文化氛围的过程中也能促进学生对乡村文化的认同（见图3.15）。

（a）

（b）

图 3.15 学生设计制作的乡村种子装饰墙

三、空间设计赋能乡村文化振兴

法国著名学者亨利·列斐伏尔提出了空间生产理论，从建构性的独特视角出发，赋予了空间更深层次的内涵——作为社会产品本身。他将空间划分为"空间实践""空间表征"和"表征空间"这三个紧密相连的维度，它们分别对应着人们日常生活中所经历的"物质空间""精神空间"和"社会空间"。[①] "物质空间"是指现实生活中真实可感的物理空间，人们通过实践活动在其中创造并开展生产活动；"精神空间"是由社会语言、符号系统等构成的抽象空间，它反映了人们的观

---

① 杨静云：《列斐伏尔日常生活批判的演进逻辑》，《马克思主义哲学》，2023 年第 2 期，第 153 页。

念和思想；而"社会空间"则是通过"空间实践"与"空间表征"的相互作用得以展现的空间形态，它随着人类认识的深化和实践活动的推进而不断变化和发展。在强调空间的社会功能之余，列斐伏尔还独具慧眼地指出了空间的文化功能，并创造性地提出了"文化空间"的概念，这为我们思考乡村文化振兴提供了新的视角。

文化振兴是乡村振兴的重要目标，在推动乡村文化振兴的进程中，以"空间"作为重要的切入点，有机融合物质、精神和社会空间三个维度来进行科学的空间设计，将有助于优化乡村空间布局、提升乡村文化内涵、增强乡村社会凝聚力，推动乡村公共文化服务的高质量发展。其中，乡村物质空间建构既包括恢复、保护乡村的传统建筑、景观和自然环境，也包括提供适合居住、工作和创造的舒适宜居的乡村生活空间。物质空间的改善不仅满足了人们对于美好生活的渴望，也为乡村文化的传承和创新提供了必要保障。在物质空间中，人们可以更好地感受和体验乡村文化的魅力，更积极地参与到乡村文化的发展和传承中去。随着现代化、信息化、全球化的迅速发展，乡村公共文化空间迫切需要实现功能转型，从传统的、单个的、分散的、隔离的单向式空间转变为现代的、综合的、集聚的、交融的互动式空间，以满足村民、游客等不同群体的差异化需求。总体上，空间设计可以有效地赋能乡村文化振兴，促进乡村文化的保护、传承和发展，实现乡村社会的全面进步和可持续发展。因此，笔者在劳动教学中，引导学生在了解农耕文化、建构乡村景观的基础上，对乡村空间设计进行深入探索，最终通过劳动实践优化了乡村空间布局，提升了乡村整体面貌，也促进了学生对乡村文化振兴策略及科学路径的全面了解，增进了学生对乡村文化建设的审美逻辑的认知。

在教学中，需要让学生深刻理解空间设计赋能乡村文化振兴的策略与科学规律。在进行空间设计时，必须依托乡村的地域文脉，遵循村民的生产方式、生活习惯，充分了解乡村文化空间的布局及其具有的特定文化内涵、社会功能。学生需要实地开展功能空间、建筑布局调研和采样，注重考察其能否为村民的生产生活提供便利，更要注重其是否有利于开展文化活动、构建乡村文化共同体，以及环境景观、建筑空间和内部空间等各要素能否形成协同发展的有机系统，从而促成乡土文化空间"延续—发掘—创新"的可持续发展。在此过程中，笔者尤其注重引导学生深入理解保护传承与发展创新之间的辩证关系。一方面，在进行空间设计时，需要保护好乡村绿地、山水、田园、民居、传统布局，准确地把握村落的地域文化特征；另一方面，也需要深入发掘、提取这些资源中的美学价值、人文价值，并充分实现非物质文化遗产资源的社会交往与治理功能，促使这些资源转化成为生态景观和文化体验场所。

空间设计涉及乡村的自然条件以及经济、政治、社会观念、风俗习惯等诸多社会要素，这些要素之间形成复杂的变量与综合作用，乡村经济发展与社会建设都离不开诸要素的聚合共生。正是基于这样的客观规律，乡村产业经济发展不能以破坏文脉传承为代价，而是要依托地方特色资源。当下，乡村产业发展越来越依赖地域特色文化魅力，通过塑造富有独创性的

第三章　生态文化自信下的高校劳动教育审美化实践

乡村文化品牌，来凝聚乡村文化之魂。强化乡村公共空间的话语功能，全面实现主体的生命体验并激发其创造性等，都是乡村文化振兴发展的重要问题。从乡村的特色塑造和品牌打造、凝聚力的形成来看，"文化特色"并非一种静态的文化形态或抽象的概念，而是在继承了乡村历史文化、传统文化的基础上，对时代精神和现代文化观念的融入，是以自身文化根基为底蕴，积极、合理地融入现代文化形态并加以整合重构的产物，因而具有多样性、创造性和兼容并包的特质，能够为文化生产与创新创业提供活力。

在实地调研与文献资料的学习中，学生也对部分乡村空间设计中存在的问题进行了反思和讨论，比如发现一些乡村在设计建造景观时，并没有深入发掘和系统呈现地方特色文化生态，除了一些标志性的历史和自然景观以外，大部分景观较为粗陋，人文内涵不足。一些景观呈现出的文化意象、文化空间并未充分彰显地域特点，缺乏对"故事"的讲述和对叙事空间的建构，难以对游客产生持续的吸引力，也不利于文化理念、价值观念的塑造和传播。有的与地方自然、文化生态特征相悖，甚至对其造成了破坏，例如，遍布景区的酒吧、高档餐厅、咖啡馆等消费空间消解了地域文化精神，被肆意拆解、拼装的文化符号书写着虚伪的"地方感"和"文化记忆"。那些被刻意塑造出来的"仿古""怀旧"等文化形态与村民的文化想象、日常生活和精神世界之间存有较大的距离，难以激起主体的情感体验，也不利于社会和谐生态的培育。

通过调研，学生能够较为深入地理解文化生产、意义建构、美学风格塑造等对于乡村文化空间设计的重要价值。在此基础上，笔者进一步引导学生思考如何将丰富的地方文化资源融入人们的食、住、行、游、购、娱等日常生活世界之中，为地方文化的传承与发展提供良好的空间，提升村民的认同度和自豪感，凝聚乡村的文化精神，同时保障村民享有文化空间及话语权利。诚如美国人类学家克利福德·格尔茨指出的那样，"为了对行动提供更多的信息。我们随之被迫越来越多地依赖文化资源——积累起来的有意义的符号储备。这类符号不仅仅是我们生物的、心理的、社会的存在的表达、工具或相关因素，而且是它们的前提条件"[1]。也正如国内学者所言："文化并不仅仅是'历史沿袭'的符号传递，而且还是一种具有符号意义的建构行动。"[2] 无论是乡村空间功能的实现还是特色文化的传承与创新，都是以文化生产为基本途径的。文化生产依赖主体的创造性实践，依赖主体的生活方式、价值观念、行为习惯、审美取向等的塑造，这些过程并非一种凝固、静止的形态，而是主体在文化空间中不断建构自身的结果。

可见，主体与空间是相互生成的，空间在"以文化人"的过程中也生产着"日常情境"，通过主体与空间的交互以及主体间的交互，塑造着主体的历史记忆、集体记忆与地域文化想象。在劳动教学中，笔者以此为中心，带领学生开展了丰富多样的乡村空间设计实践，例如对江苏省苏州市吴江区平望镇马

---

[1] 克利福德·格尔茨：《文化的解释》，韩莉译，译林出版社，1999，第62页。
[2] 马翀炜：《文化符号的建构与解读——关于哈尼族民俗旅游开发的人类学考察》，《民族研究》2006年第5期，第61页。

家港村农居院落的空间设计。马家港村紧邻京杭大运河太浦河段，依山傍水，风景秀美，近年来村民生活水平有了显著提高，但乡村整体环境建设主要围绕公共环境开展，对各家各户的庭院小环境关注较少，这与村民日益增长的生活品质需求有一定的矛盾。因此，在劳动课程中，笔者带领学生开展空间设计实践，以解决上述问题。我们选取了村中最为常见的连排户型庭院为改造对象。该庭院位于屋前，和邻居家的庭院相邻，主要用于日常休息以及与邻里聚会，有时还用作稻谷晾晒的场地，院中有一口水井供生活之用。户主为村民。学生调研发现，这户人家平时只有两位祖辈在家中，儿孙居住在城市里，休息日才回老家小住。两位老人平日里喜欢养花种草，该庭院还曾被评为"苏州美丽庭院"。经过调研，学生确定了空间设计的基本功能，即满足休息、亲子活动、聚会交流、康养种植等日常生活需求以及传播乡村特色文化。

在设计中，学生以"花映吴江、平水庭望"为主题，打造了临水照花的诗意空间：一个邻水的养满花的庭院，一条河，一片田，一条连廊，一排座椅，一阵穿堂风，唤来一群人。在实践过程中，学生积极与村民协商，并听取村民意见建议，使方案不断完善，最终通过空间设计为村民提供了宁静致远的生活意境，并增进了住户家庭和谐与邻里和睦，还较好地传播了运河文化。例如，在廊道空间设计中，廊道座椅的造型以运河的水波纹作为主元素，弧形波浪纹对老人而言也更加安全。为了适应老人喜欢用小板凳歇腿脚的习惯，座椅采用双层设计，下层可存放小凳亦可置物。学生以花卉为主题，在走廊两边的墙面设计了彩色墙绘，契合老人的休闲生活，令庭院充满了自然气息，也能为孙辈提供充满天真童趣的休憩场所（见图3.16）。

图 3.16　廊道空间使用

由于户主非常喜欢种植花卉，因此学生在檐下花房处设计了"望庭花"等微景观和"花爷爷"形象，以期为住户打造既实用又美观的庭院花园空间。"望庭花"寓意庭间望花，提取了坡屋顶的建筑造型、明月符号，与鲜花融为一体，营造出充满江南诗情画意的情境（见图3.17）；"花爷爷"形象则源自喜爱种花的户主，学生对其形象进行了艺术化设计，衣服设色运用了屋前水稻的颜色，并在胸前点缀花朵元素，以增强空间的主体建构功能（见图3.18）。此外，学生将原来的叠加式单面铁架改为半包围式木质花房，更有利于户主浇花和种花。大型花卉植物被摆放在花房中心，利于挪动，花房两侧的木质花

架上叠加摆放小盆栽,有利于进行换盆、浇水、摘叶等护理工作。花房材质与环境相融合,花架上绘制三原色的色块,配以学生自制的风铃、编制旗,自然地融入乡村景观,花房内的植物四季分明,有花期长的三角梅、蓝雪花、翠芦莉等,也有常绿的兰草、吊兰等,与室外的自然风光十分协调。

图 3.17 "望庭花"庭院空间设计

为了发挥空间的情感交流功能,学生还在庭间中景、楼间杂室设计了洗衣服的空间、孩子玩耍的亲子空间、邻里谈笑休憩的交流空间等。这些空间能够满足不同主体的情感需求,也为庭院营造了温馨美满的文化氛围。为了增强主体对空间的审美感受,学生让户主的小孙女和她的同学们亲手绘制了充满童趣的墙绘,满院的鲜花、太阳能灯和风车装饰,为儿童提供了亲近自然的快乐家园(见图 3.19)。

图 3.18 "花爷爷"形象设计
(学生绘制)

图 3.19　庭间中景与楼间杂室空间设计

笔者还引导学生融入绿色环保理念，注重利用原有旧物进行改造设计，例如对折叠座凳进行改造。学生用彩色麻线进行缠绕，配合颜料进行点缀，使其具有了现代美感，同时加入笑脸、花卉等小元素，与廊道的童趣氛围相融合，也巧妙地呼应了"平水庭望"这一主题。再如对住户种花用的化肥桶和破旧陶罐进行手绘，将水稻以及寿桃、花卉等元素融入其中，传达了吉祥寓意，也很好地契合了周边环境。在面向水稻田的墙面上，学生利用从村内收集来的废旧斗笠设计挂饰，寓意归家，而一大二小三个斗笠则寓意户主一家团聚，回应了户主的情感诉求。整个实践过程从前期的调研到最后的施工完成，学生付出了艰辛劳动，但收获颇多，在改造乡村空间的过程中磨砺了意志，提升了专业素养和解决实际问题的能力，学会以审美逻辑来指导实践，也真正懂得了传承、奉献、关爱、合作、共享（见图 3.20）。

第三章 生态文化自信下的高校劳动教育审美化实践

图 3.20 学生实践过程

公共空间也是乡村文化生产的重要场域，是乡村文化传承与公共文化建设的主阵地，笔者也带领学生开展了设计改造。坝头山村位于浙江省绍兴市，风景秀丽，始建于北宋，为陆游高祖陆轸定居地。村里至今保存着陆氏宗祠东山寿宁寺遗迹和《陆氏世德堂》家谱，也仍居住着陆家后裔，处处可见陆氏家训的传承之脉。陆轸倡扬的人品方正、为官清廉、节俭治家、耕读修心等精神观念，不仅为陆游所继承和恪守，而且在该村的文明建设中发挥了重要作用。该村以陆游家风家训中的"清正廉洁"思想为源，把清廉建设融入乡村治理的方方面面，致力于建设民风清朗的清廉村，先后荣获"浙江省美丽乡村特色精品村""浙江省善治示范村""浙江省未来乡村""绍兴市清廉村居建设示范单位"等称号。为了更好地擦亮这一文化名片，同时促进乡村旅游发展，当地计划在该村的重要文化场所——宋韵文化基地内部打造一座"放翁家训馆",其基本功能为家训展示、文化传承、学术研究与文化交流。基于此,笔者带领学生开展了一次以公共空间传承家风文化的劳动实践。

在设计中,学生首先结合陆游的生平与家训来提取文化内容。陆游一生笔耕不辍,诗词文章成就极高,其饱含爱国热情的诗文对后世影响深远。他所著的《放翁家训》论及教子齐家之道,对子孙的求学、修养、为人、处世皆有告诫,家训中的格言警句也一直被村民用来警示后辈。为了让家训文化的传播更为生动鲜活,更符合村民与游客的认知及审美心理,学生将该村制作"草船"的传统民俗文化融入家训馆设计之中,运用了"船"的谐音"传",以体现"以舟载训"的主题内涵,也寓意陆游的精神似明灯指引子孙后代,进而将展示主题词设计为"乘舟故游千百训,舟承万里陆家风"。船侧的文字归纳了家训传达的美好品德,并以宋代活字印刷的形式展现出来,寓意把家训精神内涵深深印刻在传承之舟上,上方的悬挂物造型设计则源于象征陆游身份的宋代官帽,整体采用榫卯结构,一层层紧密结合的构架巧妙地表达了陆氏家训家风代代相传、生生不息以及家族团结和睦之意,家训的内容贯穿了整个空间(见图3.21),馆内小景则注重营造典雅的宋韵美学风格(见图3.22)。

学生在与当地深度对接、实地考察、搜集整理文献的基础上,进行了现场测绘,为该馆设计了标志并进行了系统的视觉应用。馆内的斗拱结构是实践的难点:木作需要定制,每一个部件的尺寸数据都要经过反复推敲,因此学生在绘制施工图纸

第三章 生态文化自信下的高校劳动教育审美化实践

（a）

（b）

图 3.21 放翁家训馆室内空间设计

（学生制作的效果图）

图 3.22 放翁家训馆内景观设计

（学生制作的效果图）

上付出了不少努力,这不仅加强了对传统建筑文化与工艺的学习,还很好地锻炼了专业能力与劳动意志。设计过程还需要数字技术的支持,学生需要对斗拱结构进行建模(见图3.23),再进行模型拆分和激光打印。在后期对部件进行组装的过程中,学生发现有一块部件无法置入构架,便再次改造和加固,最后喷漆晾干,这些实践都很考验学生的耐心和细心,很好地锻炼了学生的动手能力(见图3.24)。

(a)

(b)

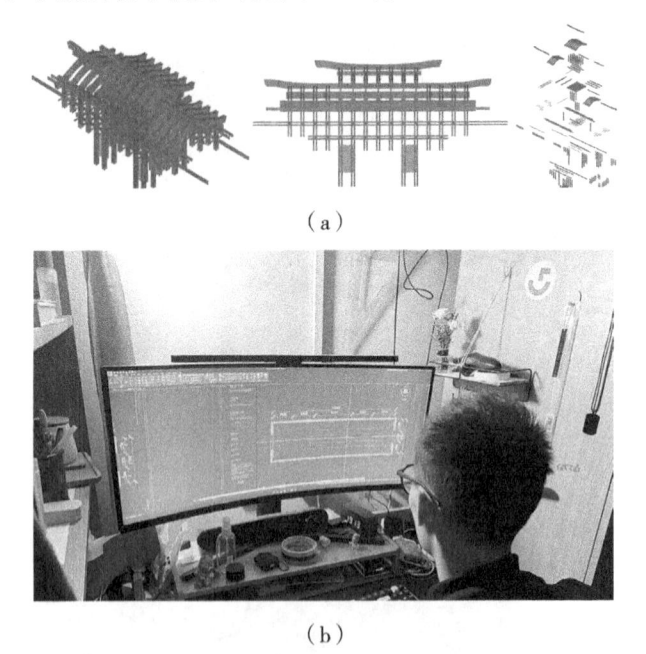

图3.23 学生完成的斗拱结构建模

图 3.24　学生进行斗拱搭建和上漆

　　学生还通过网络媒体分享了他们参与放翁家训馆内空间设计的过程与心得。这些记录施工过程、抒发感受的视频与文章，也都收获了不少关注，很好地激起了青年群体对家风文化、传统文化的认同。在施工完成后，学生还投入场馆的讲解宣传志愿服务中，积极地向附近的居民和游客传递放翁家训蕴含的正能量，真正做到了让家训品德传承下去，也实现了公共文化空间的功能。总体上，这次劳动实践不仅促进了生态宜居的美丽乡村的建设，进一步增强了村民对地方文化精神的认同感和自豪感，让乡村文化得到了更广泛的传播，而且优化了文化品牌建设，促进了文旅产业发展。

　　上述实践充分反映出文化传承创新、景观空间设计在乡村文化振兴中的重要作用。作为国家人才培养的主阵地，高校需要在实施乡村振兴战略的过程中加深与地方的合作，促进劳动育人与专业育人、生态育人相融合，深入探索乡村振兴人才的培养模式，引导学生积极投身乡村振兴实践，精准切实地服务好乡村文化振兴、产业繁荣与绿色发展，以学研用的深度融合、知感行的有机协同来创新劳动育人之路。

第二节　民俗劳动与文化再生

一、走向美好生活的民俗劳动

我国民俗劳动形态丰富，历史悠久，它以主体与客体、感性与理性、理想与现实之间的和谐为理想，形成了贯穿于劳动者的信念、价值、行为规范等层面的内涵，显现出人伦与自然之道融为一体、主体现实生活经验与生命自由融为一体的审美经验结构。作为一种价值观念，"和"显现了中国人特有的生产方式、生活方式与思维方式，也塑造了民俗劳动的精神品格，而"比德""缘情""畅神"等中国传统美学追求，也一直对各种形态的民俗劳动产生着深远影响，建构了劳动者的深层审美心理结构，并塑造了具有中国特色的民俗文化。"比德"主要显现出社会文化结构及集体习性对个体的制约，"缘情"集中体现了审美作用发生过程中的主体感性生命实现，"畅神"则是对身与心、灵与肉、理性与感性、社会性与个性和谐统一的综合呈现，它们在审美价值上分别指向社会道德意义、主体情感体验以及个体与自我、他人、世界之间的和谐统一。

民俗劳动及文化在当代仍具有强大的生命力，在"美好生活"的视域下,其特有的精神品格显现出重要的社会经济文化功能,其蕴含的和谐精神也成为社会凝聚力、产业软实力的核心内涵,成为人民创造和享有幸福生活的一种审美范式,充分体现了我国传统生态文化转向当代生态文化价值观念的永续发展。因此,在民俗劳动教育中,教师通过引导学生认知民俗劳动、民俗文化历史及其发展创新规律,体验民俗劳动中蕴含的审美品格与工匠精神,探索其在"美好生活"中实现当代价值的科学路径,能促使学生从立体的生态维度深刻认知中华优秀文化的传承与创新,全面感受民俗劳动之美,自觉探索民俗文化再生的科学规律。

"美好生活"视域下的民俗劳动及文化再生,是在社会民主、公平、正义的原则及政治共同体根本利益的规定下,对主体身份、空间及社会权利的显现。民俗劳动及民俗文化生产唯有符合当代中国先进文化的发展方向,承载人民认同的基本内涵,才能实现其建构国家软实力和增强社会凝聚力的价值。从这个意义上讲,民俗劳动及文化所蕴含的精神观念与审美心理结构,使之具有了维护个体与他人、社会之间和谐关系的当代价值,这一精神纽带在当代"美好生活"的建设中体现出重要的功能。在"美好生活"视域下,通过传统人伦、自然之道向当代生态正义、审美正义的转化,传统民俗劳动及文化能够以持续发展而非断裂的方式走向当代,"美好生活"还赋予了其新的生命——以文化再生来建构当代人的精神世界。

"美好生活"中的民俗劳动与文化再生,以实现每个个体的幸福生活为目标,其根本途径在于介入日常生活与社会文明建设之中，促成个体生命自由及情感价值的实现。这里的"情感"并非情绪表达，而是基于价值认同的文化以及如雷蒙德·威廉斯所言的主体"情感结构"，正是这一集体性的产物[1]，为民俗文化介入社会治理提供了可能。在民俗劳动教育中，教师首先要立足于其价值内核来确立教育目标，围绕人与自然、社会之间的和谐生态建构来进行思想政治教育，同时以劳动实践来激发学生的情感体验，建构其深层审美心理结构，促使其树立生态文化自信，最终在民俗文化的活化传承与创新实践中，掌握文化生产劳动的科学规律。

近年来，丰富多样的民俗文化借助产品与文化服务走进了大众的生活，其中不乏创新之举，但也存在文化品格缺失的问题。例如，有的产品将民俗文化元素剥离于精神价值体系之外，标签化、碎片化地与某些时尚文化、国际文化进行拼接；与此同时，社会生产生活方式的变化，以及从西方到东方、从都市到乡村的高低文化流动，也在消解着传统民俗的文化基因。这些不仅阻碍了民俗文化的生存和发展，还阻碍了民俗文化向文化软实力的转化，因为文化软实力的形成依赖于社会成员的文化认同和共通的情感结构。从当下一些民俗劳动体验及民俗文化再生来看，生产者往往更注重对经济效益的追求，难以让主体真正获得情感上的满足，这一情况产生的根本原因在于，这种再生缺乏传扬民俗文化价值内核的自觉性，没有很好地建构主体的精神世界。

---

[1] 李林洪：《雷蒙德·威廉斯"情感结构"范畴探讨》，《中共山西省委党校学报》2015年第6期。

相较于古人，现代人的自我意识与生命精神更为强烈，同时也面临着更复杂的生存处境。倘若民俗劳动及文化生产不能深入挖掘优秀文化基因，使之融入当代精神文明建设之中，不能促使人们实现对物质生活的精神超越、在现实中诗意地生存，不能促进人与外界之间的生命交融，不能让人们在工业技术文化语境下重拾生命意义、重构感性生活，那么这样的创新是缺乏可持续性的。因此，在民俗劳动教育中，教师需要让学生以整体性的生态视域来观照民俗文化，学会在"美好生活"中不断发掘民俗文化的内涵，通过民俗文化的创新实践来实现人民对幸福生活的享有。与此同时，民俗劳动及文化生产也不能固守传统样式，不能停滞于对古代农耕生活、田园生活的浪漫想象，而是需要积极挖掘其原创力、延续地方文脉精神。因此，教师也需要促使学生在民俗劳动与文化生产中获得充分的自我认知，从现实生活中捕捉生命的意义，促使民俗劳动及文化在"美好生活"中走向当代，积极融入新的政治、文化共同体中，实现其应有的价值。

基于此，笔者曾带领学生开展女红民俗劳动实践与文化创新，在基因传承、话语传达、技能学习、思维训练等方面进行了一系列教学探索，重点围绕"美好生活"中的文化再生展开以下层面的教学设计。

首先，笔者通过系统阐发女红中蕴含的文化基因与原创生命力，使学生充分了解女红的审美范式与当代文化价值。女红一方面鲜明地体现了中国传统美学的特点，另一方面也显现出女性主体与社会之间的特殊关系，同时呈现出不同社会群体与地域文化对人们的审美经验和审美心理结构的影响。清代丁佩在《绣谱》中以文品、画理来总结刺绣的艺术格调、工艺技法等，其对精工、清秀、富丽等格调的阐释，超越了器物、感官层面，反映了女性在政治身份认同、社会文化经验中形成的审美趣味。从女红制作过程及产品形态来看，它们并非仅仅依赖于对程式化的形式语言的运用，而是十分强调源自日常生活的生命体悟与情感体验，讲求清新、自然、灵动、野逸之美。尤其是民间女红，尽管受到了制度观念的制约和文人审美趣味的影响，但仍然凸显出女性对自然物象生命的感性体验与移情，呈现出她们丰富的日常生活经验与自由的精神世界，以及富于情感、向往和谐、敏感于外界事物、长于形象思维的特点。

  为了加强学生对上述内容的认知，笔者带领学生对博物馆展陈的实物进行了调研（见图3.25）。在观赏绣品的过程中，学生更直观地体会到，实体意象的多样化表达和个性化情感蕴含在民间女红的造型、色彩、纹样、工艺之中，甚至是女性对爱情和理想婚姻的追求，也都在女红中得到了体现。此外，地域文化也对女红的整体风格产生了重要影响，使之呈现出清雅秀美、浓烈奔放等不同面貌。在此基础上，笔者进一步引导学生展开思考：透过这些女红产品以及历史文化，如何理解《织白绫》《绣荷包》等民间歌谣中的故事？女红文化在女性精神生活中扮演着怎样的角色？女红文化如何融于日常生活习俗之中？不少学生通过调研能够更深刻地体会到，在儒家文化所强调的道德伦理的约束之下，女红成为女性在"失语"状态中表达自身、建构自身的媒介。女红不仅见证了她们创造物质文化

图 3.25　学生在中国丝绸博物馆调研

的历史，还书写着女性的感性生活经验，生动地展现出主体与客体、感性与理性、理想与现实在女性精神生活、日常生活中的对立统一。这些融于日常生活习俗之中、充满德与情的内部张力、凸显感性色彩的民俗文化，其基因就在于实现了符合主体生存需求与情感结构的生命价值、情感价值、协调价值，在于渗透进主体精神世界与审美实践中的天人合一、美善合一等价值观念，在于蕴含在女红文化习俗之中的和解、行善等人格特质，在于对生命精神的尊崇和追求和谐生活秩序、诗意生存方式的心灵境界。

其次，笔者通过考察调研，结合广阔的社会文化背景来还原日常化的民俗劳动与生活场景，促使学生在场景体验中获得道德生命感应与情感认同，唤起学生投身民俗文化传承创新的使命感和社会责任感。近年来，国家及地方各级政府部门、行业组织积极发展文化惠民项目，促进文化公益性和市场性有机融合，通过诸多举措促进文化消费、改善市场环境，同时致力于城乡公共文化的协同发展，提升乡村公共文化服务质量，营造文化氛围，改变城乡文化发展不平衡的局面，为民俗文化再生创造了良好条件。在教学中，笔者指导学生通过实地考察、资料收集、访谈等方法，全面了解这一背景下民俗文化生产的现状与问题。学生发现，目前不少乡村文化场馆积极挖掘地方民俗文化资源，通过打造网红打卡地以及制作纪录片、短视频、动漫等方式，并利用线下展陈与线上云平台直播等多种手段，让民俗文化被更多的人所了解和关注，同时也推进了乡村文化产业的发展。通过参加传统节日和民俗活动，学生更好地体验了日常生活情境中的女红技艺与文化。例如，学生在调研浙江海宁的乡村女红时，参加了当地的女儿节等文化活动，对女红技艺中的文化基因有了深入了解；在调研湖南湘绣小镇、四川广元曾家镇女红天街等地时，对女红的审美特点与当代价值有了更深刻的认识。

再次，笔者指导学生对乡村文旅及当代服饰产业中的女红设计创新展开调研，思考民俗文化生产中存在的现实问题。例如，学生对东西部扶贫协作背景下的乡村女红资源转化进行了专题调研，通过考察乡村巾帼手工业产业联盟、创新创业云平台等，了解了交流和共享技艺、品牌设计与创新发展等对于女红传承以及生产者的重要意义，深刻理解了乡村特色文化产业发展与文化富民、促进就业以及提升村民幸福感之间的关系。学生在调研中还发现，目前女红资源开发有效地满足了生产需求与村民的物质需求，但是村民尚未在生产过程中获得充分的生命满足及情感满足。基于此，笔者进一步引导学生思考：作为一种民俗文化，女红体现在当代乡村的哪些生活场景中？乡村建设为女红文化提供了哪些新的生存环境与发展空间，呼唤着女红文化实现怎样的价值？与此同时，笔者引导学生带着这些问题，再考察和分析当下国内外对传统女红进行创新设计的案例，同时思考以下问题：这些案例是否能够很好地实现这种价值？女红是设计师的"宠儿"，还是在人民的日常生活中展现出更多的创新活力？

不少学生在调研中关注到，21世纪以来，女红在国内外服饰品牌中彰显魅力，但是一些设计师往往把女红视为一种脱域的视觉符码，以之建构全球语境下的中国"想象"。游离于中国政治文化语境及日常生活之外的设计，往往忽视女红的地域原创力和文化基因，未对纹样、题材、母题等内涵进行系统梳理，未深入挖掘女红文化中蕴含的精神价值，无法赋予主体公共意识和自由自觉的审美体验，也无法让主体获得自我实现。学生在完成以上考察调研和思考之后，就可以更深入地理解和认同，乡村文化发展是文化强国建设的重要一环。在"美好生活"视域下，人民正日渐成为感受女红之美、赋予女红生命的最为重要的主体，民俗文化再生需要以满足民众文化需求、提供社会进步的精神支撑、增强国家软实力为目标。

最后，笔者引导学生探索女红文化再生的科学规律，提出解决问题的对策和路径，并通过设计实践来掌握具体的技能与方法。通过上述环节的学习，学生能够将抽象的生态文化理念转化为生活中的"审美正义"，在生动的、真实的场景中建构自身的公共意识与自由自觉的审美心理，不仅能对传统文化有更深的了解，也能树立文化自信。"审美正义"充分彰显了人性与德行，为人民获得幸福感与生命自由提供了保障，是全面实现"美好生活"的重要条件。美丽乡村建设不仅是经济、民生建设，更是社会文化、政治建设，是对村民身份、生活空间与权力的公平化，这些也正是形成村民自我认知与生存感受的基本因素。通过学习，学生意识到，对于乡村女红文化再生而言，迫切需要进一步提升村民对尊严、幸福、自由的认知与追求，让他们在乡村新旧文化的交融中，在文化传承与创新中，在生活空间与生活方式的改变中，充分了解自我，与时俱进，用女红书写他们的故事。对于设计者而言，应当树立这样的社会责任感，不仅要积极挖掘女红文化的原创力、延续地方文脉精神，还要着眼于主体的精神世界，通过设计创新来为女红文化注入更丰富的内涵。

二、审美逻辑下的活化传承

民俗劳动具有集体性、传承性、仪式性等特点，渗透在生产、道德、审美、宗教等社会生活的各个领域中，它通过口耳相传、行为示范塑造着民众的审美心理结构，也承载着娱乐与教育功能，充分体现了审美实践对人们日常生活世界的建构意义，这呈现了民俗劳动最原初的审美价值。例如，在民俗劳动中，祈福纳吉往往是其价值核心，不仅满足了人们的精神需求，也让人们在日常生活中获得了审美体验和心灵自由。在民俗产品中，那代代传承的图案、色彩、材质也积淀着集体审美心理结构，折射出人们在生产生活中与自然、社会之间形成的稳定的、和谐的关系。那些通过细致观察、反复实践、持续创新凝结而成的知识与工艺，无一不是审美实践与感性经验的产物。也正因如此，我们需要不断发掘和丰富民俗劳动中的审美经验，使之介入人们的日常生活，建构人们的精神世界，这成为民俗文化活化传承、永续发展的关键。

正如前文所述，乡村民俗劳动及文化传承发展正面临着一些困境，原因之一便在于设计者重视民俗资源的经济价值而轻视其审美价值。一些设计者在将民俗文化元素运用于当代设计时，更多关注的是其形式上的特色，而忽视了其深植于乡村自然环境和人文精神土壤之中的文化之根，也没有从真正意义上实现其原初的审美价值。这些产品一旦脱离于其文化母体和生活之源，便会陷入生命的枯竭。民俗劳动的文化特色和本质便在于生活化和审美化，这也是民俗劳动建构人们的意义世界的方式。乡村民俗文化的振兴唯有以此为本，充分发挥民俗劳动塑造人们的生活方式、心理结构的功能，不断发掘民俗文化符号系统和知识系统中的审美内涵，才能更好地促进民俗劳动及文化在乡村经济发展中发挥作用。因此，在民俗劳动教学中，需要引导学生从审美的角度认知和体验民俗文化的价值，以此为逻辑来开展活化传承实践。

从笔者指导学生以扎染服务乡村振兴的教学过程看，最为关键的是让学生能够从审美的角度来看待对象，挖掘其美学价值、文化价值，并从观念、知识及实践中获得地方性知识，提取其文化基因谱系,掌握乡村手工艺生产的本质特征。在这个过程中,学生不能仅仅关注产品的表层形式或实际功能,而是要通过田野调查来了解其独特的文化价值与审美思维特质,运用地方性思维来理解图案、技艺、材料等蕴含的设计理念、创作法则,理解这些知识内容与村民日常生活之间的关系,如这些产品的原材料、加工方式与地域自然生态之间的关系,村民在劳作过程中的价值诉求,礼仪行为中的自我与他人的关系。这些知识往往靠口口相传而获得传承,渗透在日常生活的方方面面,因此学生发现、认知的过程本身也能够系统提升其研究能力与思维水平,同时强化其审美感知力和洞察力。在课堂讨论中,不少学生通过调查获得了一些新的知识和规律,有些还超越了现有的设计史论专著、教材等中的内容,学生也很有获得感。通过调研,学生都能认同,与日常生活有机融合的"审美"才是乡村手工艺生产的核心价值,当代传承与创新必须坚守特色审美文化基因,不能盲目追求经济利益而抛弃其审美传统,同时要注重民俗文化发展的规律,在日常生产生活之中进行文化再生和活化传承。

正如柳宗悦指出的那样,生活和工艺是不能分开的,造物要寻求适宜的幅度、宽度和深度,是源于生活的幅度、广度和深度,生活只和工艺融为一体才是完整的,没有健全的工艺就没有健全的生活。[1]同时,这一建构不仅要关注如何让手工艺重新融入村民的日常生活中,还要探索如何在保持乡村手工

---

[1] 柳宗悦著:《用与美》,徐艺乙译,《中国非物质文化遗产》2021年第5期。

艺审美文化基因的同时，满足现代消费者的生活需要与审美需求，进而实现乡村手工艺的现代消费形态。说到底，民俗劳动的审美意义在于民众自由自觉的创造和对自身生命意义的实现，民俗文化是个体对生命的感悟与社会理性价值观达成和谐的产物。民俗劳动与文化的再生，关键在于以民众喜闻乐见的休闲和娱乐形式，唤起村民与消费者的审美想象，通过对民俗文化价值体系的重塑来建构当代人的精神世界。因此，无论是生活中的实践还是消费体验，都应当让传统民俗劳动及文化走向人们的日常生活，让人们以感性审美实践来发现日常生活的意义。当然，随着审美主体的变化，民俗劳动及文化也必然会产生新的审美价值，这就需要文化生产者能够合理挖掘民俗劳动及文化的日常生活意义，并采用多样化的路径来实现全面的活化传承。

在学院开展的扎染劳动课程中，学生在系统梳理当地扎染工艺的基因谱系与知识体系的基础上，从两个层面探索扎染工艺活化传承的路径：其一，基于地方性知识来保护其生产技艺；其二，基于日常生活化的物质生产与审美实践，对其进行文化产品设计创新。在这个过程中，学生始终以审美为中心，在制作中体验扎染图案纹样中的感性意象，感悟扎染工艺及文化赋予劳动者的心灵自由与精神愉悦（见图3.26），同时以审美逻辑来思考当下扎染文化创新存在的问题及相应的对策。学生通过调研发现，复杂的技艺、较高的人工成本等因素限制了传统扎染工艺在当代物质生产及日常生活中的运用。扎染工艺产品主要的市场在文旅产业领域，但是现有的产品在审美价值上较为缺乏，例如传统文化符号的象征意义无法得到消费者的认同，附加值有限，产品类型较少，无法满足当代人的生活需求，同时存在地域特色不鲜明、形式单一、风格雷同等问题。基于这些问题，学生开展了扎染文创产品设计创新实践，希望以具有浓厚地域文化及鲜明特色的文旅产品来助力扎染工艺的活化传承，同时通过设计实践来掌握具体的技能与方法。

(a)

(b)

（c）

图 3.26 学生创作的扎染图案设计

（源自：浙江科技大学劳动教育成果展）

在设计实践中，学生以人为本，在图案纹样上彰显地方文化特色，充分发挥符号的文化信息传达和文化认同功能；在外观形态上，注重通过形体、色彩、材料质地等给人以赏心悦目的感受，依据当代生活需求拓展产品的品类与功能，注重唤起人们的生活情趣和文化价值体验，并以个性化设计来提升市场竞争力。在这个过程中，学生也进一步思考了乡村非遗活化传承、乡村文化振兴的基本规律，反思了城市审美文化、大众消费文化等对乡村手工艺审美价值的冲击，以及无序的资源挖掘对乡村文化的破坏，进而探索乡村手工艺可持续再生的策略。最后，学生针对乡村旅游景点、民宿、文化场馆等公共文化场所的需求，结合对消费者的调研，完成了一系列扎染文创产品（见图 3.27）。

图 3.27　学生制作的扎染文创品
（源自：浙江科技大学劳动教育成果展）

三、民俗文化的传播与认同

民俗文化的有效传播是大学生认同中华劳动文化精神的重要途径，而电影、动画、短视频、虚拟交互等新媒体传播为乡村民俗文化传承提供了新的条件，新的话语方式与多元的话语模态也更符合大学生的接受期待。群众喜闻乐见的这些传播形式拉近了大学生与民俗文化的距离，激发了大学生的求知欲和创造力，不仅提升了乡村民俗文化的传播效能，还对传承乡村文化遗产、弘扬乡土文化精神、振兴乡村文化发展、建构民族文化记忆、树立文化自信起到了关键作用。学界也对此进行了探索，有学者指出，新媒体促进了民俗文化信息的共享，实现了民俗文化的本地化，加速了民族记忆的建构。①

新媒体传播改变了乡村民俗文化边缘化的现状，为乡村民俗文化带来了更加多元的传播形式，使民俗文化逐渐被大学生群体所关注。从笔者的调研来看，在劳动知识学习方面，图像信息比文字信息更容易引起学生的关注，大部分学生更愿意通过感官体验来获取知识，对互动的需求也较高。因此，将传统民俗文化和现代视听审美相结合，适度融入趣味性的游戏环节来激发学生的探索欲望，寓教于乐，能促使学生发挥主观能动性。笔者曾在劳动教学中向学生推荐了相关的影视动画作品，起到了良好的效果。例如，电影《云水谣》取景于福建南靖，展现了当地特有的闽南土楼建筑景观及民俗文化，该影片又以自媒体的形式进行了再次传播，推动了当地文旅经济发展。学生在观看后不仅感受到了乡村民俗文化的魅力，还激起了投身乡村文化振兴、助力乡村文旅产业发展的劳动热情。动画片《小门神》以木偶戏的艺术形式讲述门神故事，将民俗文化和非遗文化结合，也启发了学生发掘乡村民俗文化资源、讲好乡村故事、促进乡村文化传播的新思路。此外，学生也从抖音等平台上关注到农耕渔猎等生产劳作、节庆活动以及建筑、服饰、手工艺、美食等诸多民俗文化，部分学生基于兴趣，还对这些文化遗产中的基因、知识、技艺等进行了较为深入的了解。例如，李子柒的短视频展示了酿酒、养蚕、缫丝、刺绣、竹艺、木工等中国传统文化，通过营造乡村民俗场景、提炼传

---

① 黄雅彬：《场域视角下融媒体对民俗文化传播的影响》，《传媒》2023年第13期，第90页。

统技艺符号，传递出传承优秀传统文化的价值理念，引发了许多学生的共情。

除了视听艺术，虚拟现实与交互体验也为学生提供了民俗劳动及文化的多感官学习途径，为学生提供了沉浸式的审美感受和真实的文化体验，还为建构更加形象、直观的教学场景提供了可能。事实上，在这些技术的加持下，目前已有不少乡村民俗文化得到了数字化保护，也通过数字化体验得到了广泛传播，文化传承与文化教育迎来了深度融合、共生互促的新时代。在这方面，国内一些数字民俗博物馆不仅较为系统地收集了地方民俗文化知识，还展陈了数字化、多模态的文化内容，为劳动教学提供了良好的场景空间。例如，在中国美术学院建设的皮影数字博物馆里，学生可以全面了解各地的特色皮影文化，其数字影戏馆中展示了全国各地约1400个剧团的皮影表演视频，学生可以在线上观看，了解皮影的相关知识。湖北省图书馆的土家族民俗文化展示系统让学生可以通过VR设备沉浸式感受织锦、傩戏、摆手舞等民俗文化。

再如《榫接卯和》《折扇》等介绍榫卯、制扇等传统工艺的游戏，直观、生动地展现了器物的结构和工艺流程，学生可以通过点击、捏合等简单的交互来进行虚拟的拆、合等"劳动"，在游戏中了解中国传统造物文化。但总体上看，这类优质的平台和产品数量有限，乡村民俗文化的数字化保护和传播仍任重道远。某些数字体验产品偏向商业化，缺乏对乡村民俗文化的深度发掘和高质量的形式创新，并不能很好地满足民俗劳动教育的需求。目前，乡村民俗文化相关影像资料仍然有限，尤其缺乏虚拟交互的体验内容与平台，学生的体验感、参与感不足，高校劳动教育迫切需要运用新兴媒介技术，例如通过AR、短视频、虚拟交互等方式来展现民俗场景、节庆文化、民间故事等，注重趣味性与互动性，以新颖、丰富的形式来满足学生的认知需求，并根据特定的民俗文化内容来选择合适的表现形式，突出民俗文化的特点，提高学生对民俗文化的审美能力。如何科学挖掘民俗文化资源，以新形式来呈现民俗文化的特点与内涵，也是当下劳动教育方式方法革新面临的重要问题之一。

从笔者所在高校的教学资源来看，极具特色的安吉白茶民俗文化能够为劳动教育提供良好的条件。学校积极组织学生进行采茶等劳动实践活动，但学生难以通过这种简单的体力劳作形式获得对民俗劳动及文化的深度认知、审美体验和情感认同。一方面，学生普遍对安吉白茶的历史文化知识、节庆活动等了解甚少，对于白娘子与安吉白茶的传说故事以及现代安吉白茶产业不断发展、人民安居乐业的故事也并不熟悉。另一方面，当地的茶博物馆、茶产业园等场所提供的教学场景也以线下静态展陈为主，缺少能够激发主体能动性的体验内容。基于此，笔者曾在劳动课程的民俗劳动专题教学中因地制宜，引导学生对安吉白茶文化民俗内容进行可视化与互动体验设计，以富有地域文化特色和形态新颖的数字化展示，讲好茶文化的当代故事。这一教学探索取得了良好效果，不仅为学生提供了跨时空、多模态的体验场景，还让学生能够全面梳理文化知识谱系、探索传承创新的科学规律，以系统的创意劳动实践真正参与到民俗文化的传承与创新中来，成为民俗文化的参与者、传播者、创造者，最终从实践中获得了创新思维的培养和深层的审美体验。

具体来说，笔者引导学生以安吉白茶民俗文化为对象，首先从物质、精神、行为三个层面开展实地考察和资料搜集、整理，梳理安吉白茶生产及历史文化知识谱系（见表3.1），遴选和整合白茶制作技艺、茶事活动、茶传说、茶艺、茶诗等资源，结合当地白茶祖、溪龙乡观景台、万亩茶园等茶建筑及景观，重点围绕制茶工艺建构叙事文本、设计视觉场景，最终完成了具有多模态交互功能的数字体验作品，并在此基础上为当地茶文旅产业开发了相关衍生品。

表 3.1 安吉白茶文化知识谱系

层面	茶文化	细分
物质层面	茶叶	安吉白茶形态、自然生长环境
	茶器	茶具、茶书、茶画
	茶建筑	茶室、茶场、茶文化博物馆、茶产业园、茶景观
	茶点	糕饼类、点心类、糖果类、坚果水果类
精神层面	制作技艺	种植技艺、采摘技艺、炒制技艺
	茶道茶德	廉、美、和、敬 （廉俭有德、美真康乐、和诚处世、敬爱为人）
	茶俗	茶诗、茶谣、茶故事（传说）、茶历史、茶信仰
行为层面	茶礼	茶艺活动中，各种礼节、礼貌和礼仪等的表达
	茶艺	冲泡、茶艺文化（闻香、茶舞等）
	茶事	各种茶叶品鉴展销会、茶文化节（开采节）

（付羽娇制作）

在讲好当地茶文化故事的过程中，笔者引导学生挖掘安吉地域文化资源，将制茶技艺、茶道茶德、民间故事等与当代生态共富、可持续发展、健康生活的理念及乡村振兴实际相结合，注重让传统茶文化融入学生的生活经验。在创意设计劳动中，笔者引导学生着眼于民俗文化的内蕴传达、视觉风格的塑造与情境的营造，运用地方特色的劳动工具与劳动者形象等元素（见图3.28）来传达知识、唤起审美体验。同时，笔者引导学生从安吉茶乡的自然环境色彩中取色，借鉴传统山水画构图，塑造具有国风意味的田园风格，在呈现茶山茶园与自然景观的同时，营造出具有传统生态文化审美品格的意境之美（见图3.29），将生态之美渗透于细微之处，激发学生的审美意趣。

图 3.28　劳动工具与劳动者形象设计

（付羽娇绘制）

图 3.29 呈现田园风格与意境之美的构图设计

(付羽娇绘制)

在游戏设计中，笔者指导学生以制作技艺为内容，建构可视化、可交互的制茶场景，为教学提供仿真技艺体验（见表3.2）。游戏采用古琴乐曲作为背景音乐，与安吉白茶文化的历史底蕴相得益彰，同时加入自然界中的鸟鸣、水流声等声音元素，带给学生身临其境的感受。在品茶场景中，游戏还配有茶水沸腾声等，使体验更具有趣味性。在杀青理条场景中，当学生的"手"与茶叶发生虚拟的接触、碰撞时，设备便产生振动，也增强了学生的具身参与感。

表 3.2 游戏互动内容

环节	游戏场景	互动方式	知识讲解
采摘		点击人物手部，触发采茶动作	春茶前、中期的鲜叶，分批多次早采勤采，芽叶成朵，大小均匀

第三章 生态文化自信下的高校劳动教育审美化实践

续表

环节	游戏场景	互动方式	知识讲解
摊放		拖动竹匾，放到架子上	采下的鲜叶在三四小时内摊在竹匾里，要薄摊，只能摊一次，摊放到茶叶变软即可
杀青理条		顺时针滑动屏幕，翻动茶叶	锅底暗红时把茶叶下锅，保持高温3—5分钟再降温，炒到茶条稍硬时起锅
初烘		上滑屏幕，提高温度	烘罩上放纱布，茶叶放在纱布上，加速杀青后的茶叶干燥，以防茶香沉闷
摊凉		拖动茶堆，补齐空缺	倒入簸箕或竹匾中摊凉，以散发水汽，降低温度，使茶梗中的水分转移到叶子
复烘		点击簸箕，取茶	低温长烘，进一步干燥提香，直到用手捏茶梗便粉碎为止
收灰干燥		摇晃手机，滤出杂质	用专用的竹筛过筛，剔除杂质，布袋盛装，放入石灰瓮中储存

161

续表

环节	游戏场景	互动方式	知识讲解
游戏奖励		收获一袋安吉白茶	讲解安吉白茶的属性、形态、口感、功效等

（付羽娇绘制）

　　上述实践探索在教学中取得了良好效果。可见，在劳动教育的数字化教学场景建构中，不仅要运用虚拟形象来再现真实的自然环境、社会环境、文化环境等，还要充分凸显感官体验与情境认知的价值，设计符合学生认知行为习惯与审美趣味的多感官体验、互动环节内容，以新形态的沉浸式体验来实现学生具身参与劳动的效果。对于教育者而言，也需要以学生的需求和感受为中心，运用体验理论、游戏理论、情境认知理论、交互叙事理论等相关知识来组合情境要素、建构学习内容，这对于强化学生的体验与认知、文化记忆与认同来说至关重要。当然，在此过程中，教师需始终以立德树人为本，通过讲好中国故事来引发学生的共情体验，通过对乡村劳动民俗文化的内涵建设、话语建构来保障内容品质，而不能在教育场景娱乐化的过程中丧失民俗文化的本真性。

　　讲好中国故事、引发认知共情的关键在于话语传达，需要教师针对学生的认知特点、思维方式来建构话语内涵、话语情境和话语模态。在传统民俗文化和新媒体表现形式相结合的劳动教育场景中，视听语言形象地展现了民俗文化的面貌，然而文化价值的传递还需要教师整体把握民俗文化的基因文脉及其在当代社会生态、文化语境下的生存面貌、发展规律,同时探索民俗文化内涵与学生日常生活之间的关联,才能合理地选择民俗文化符号,生成适宜的话语内涵,并建构有效的话语情境。从认知功能学、系统功能学角度来考察,话语效果的影响因素还包括心理机制与认知过程、话语模态结构等,而这些因素的作用是在特定传播情境下、传播主体与受众的交互过程中实施的,也需要教师进行深入的探究。为了达到最佳的话语效果,教师需要考察学生的认知行为、思维特征、审美观念等。例如,青年大学生群体偏爱情节的戏剧性、叙事的新颖性(如悬念的设置、对问题的揭示等),喜欢动漫形象和较为刺激的感官效果等。同时,在各种网络社交媒体传播中,互文本生产也会为民俗文化话语体系的建构带来新的影响。如何在数字虚拟语境下建构历史记忆、身份认同,如何进行民俗文化的话语编码、符号表征,如何避免话语的碎片化、去中心化以及思想内涵的浅表化,皆有待深入研究。

综上所述,在新媒体语境下,劳动文化的传播形态发生了较大改变,需要教师充分利用媒体传播的优势,挖掘劳动文化的内涵,创新劳动文化的话语模态,丰富劳动文化的表现形式,以提升立德树人实效,同时推动劳动教育理念、模式、方法的整体革新。当下,高校劳动教育尚缺乏数字化教学资源建设和平台建构,有待探索虚拟仿真劳动实践活动开展的路径,创新劳动教育技术手段,积极开展网络平台教学,增强劳动教育内容的应用性、互动性、趣味性,提升劳动教育的全过程信息化管理水平，并实现优质教育资源跨区域、跨校、跨界的共享共用，这些都是解决目前劳动教育内容单一、模式单一、学生学习兴趣不高等问题的重要举措。与此同时，生产力与业态的发展变革，知识劳动、创意劳动、虚拟劳动、数字劳动等形态的出现，新工科、新文科背景下的高质量人才培养需求，以及"互联网+"的时代背景，都迫切需要高校劳动教育与时俱进、不断革新。

第四章
高校生态劳动教育与专业教育的同向同行

党的十八大以来，习近平生态文明思想为高校教育工作高质量发展提供了历史方位，如何将其贯穿于人才培养的全过程和各个方面，推动专业发展转型升级，增强学生的生态文化自信，服务国家发展，是当前高校专业人才培养中不可忽视的问题。与此同时，在五育融合的背景下，高校劳动教育与专业教育的关联日渐紧密，生态劳动教育也为专业劳动教育改革提供了新的契机。

就目前我国高校专业劳动教育的发展来看，尚面临着种种问题：一是一些专业劳动教育流于表面，没有很好地将思想价值观念、文化内蕴融入专业育人之中，理论与实践脱钩，思想政治话语匮乏，育人模式陈旧，学生缺乏获得感，专业劳动课程的思想政治建设水平和实效都有待提升；二是没有紧跟时代发展，没有根据社会经济文化需求来革新专业劳动教育的内容，导致劳动教育与生产生活实际脱节，学生难以通过劳动课程提升解决实际问题的综合能力，也难以通过劳动形成理想的社会人格；三是育人手段、方法较为固化，教学场景单一，无法激发学生的审美体验和情感认同，不利于培养学生的自主探究能力与创新思维。

基于上述问题，生态教育的全面融入为高校劳动教育与专业教育的深度融合提供了新的视野，"三育"同向同行，促进了劳动教育的内涵式发展，也为专业教育带来了新的生长点。一方面，深入挖掘和融入生态元素，不仅促进了专业劳动课程思政建设，也增强了生态理念的覆盖面、渗透力，并且有利于育人模式的创新；另一方面，立足学生发展的核心素养指标，充分发挥生态劳动实践的优势，促使专业教育更加紧密地结合社会经济文化发展，提升了专业人才培养的时效性。总体上，系统探索生态育人、劳动育人与专业育人"三育"同向同行的模式机制、教学体系及方法，是回应新时代、新挑战、新要求的必然趋向。

作为教师，我们不仅要敢于创新、勇于探索、立足实践，还要根据专业特点，遵循科学的育人规律。在笔者看来，教师要针对现存问题有的放矢，努力做到"三实"：一是真实，以创新育人模式强化生态思想入心入脑；二是求实，以联系实际、专业实践革新教育理念，反哺专业育人实效；三是落实，以教学及评价方法革新保障育人质量。总体上，以专业课程为阵地、以思想政治为引领、以劳动为载体，革新既有的育人模式、理念、方法，将有力推动"三育"同向同行、深度融合。

第四章　高校生态劳动教育与专业教育的同向同行

第一节　生态劳动教育融入专业人才培养的实践探索

一、专业劳动教育的内涵式发展与创新

在新时代背景下，高校专业教育既关乎社会主义接班人的培养，关乎国家各行业高水平人才的储备，也关乎大学生的身心健康、人格健全、职业发展、生活幸福。这就为专业劳动教育设定了价值塑造、能力培养、知识传授、人格塑造等多重目标，促使当代高校专业劳动教育以立德树人为根本，以思想政治为引领，形成人格—素养—思维—技能一体化培养机制，在课程建设、教学方法革新等方面不断追求内涵式建设与高质量发展。

从培养专业人才的角度来看，劳动教育是学生系统掌握技术能力，以及形成专业文化素养、职业道德观念的必要途径。但是，与一般意义上的生产生活劳动教育或者专业知识技能教育不同，专业劳动教育更注重技术、素养、价值精神等多维度、全方位的培养，注重学生步入社会、自主持续发展的综合能力。因此，专业劳动教育更需要围绕国家经济社会发展需求，为学生提供具有正向社会价值、促进自身与社会和谐共生的实践体验活动。在此过程中，专业劳动教育需以社会主义劳动价值观念为导向，将劳动品格与专业知识、技能、思维等素养以及职业品德紧密融合起来，以更好地适应高校专业人才培养目标，发挥劳动教育的功能，这对于促进劳动教育的内涵式发展具有重要意义。

高校劳动教育课程是全面统筹、严密组织劳动教育教学活

动全过程的重要载体。从目前来看，高校劳动教育课程体系尚不完善，以通识理论与基础生产实践居多，缺乏与学科专业的精准对接，缺乏对学生的导向与内涵建设，同质化趋势明显，有的未紧跟时代发展，甚至出现劳动思想简单堆叠罗列、内容碎片化、前后内容缺乏联系、理论与实践脱节等问题，无法全面实现劳动教育课程目标。同时，缺少体现地区特色、学校特色、专业特色的劳动教育课程及教材，且受限于课程实施平台资源等，与社会实际、职业体验、创新思维等关联不够，也较为忽视学生个体的需求，这些都影响了劳动教育的开展。因此，当下的劳动教育需要与专业人才培养紧密结合，充分发挥综合型、应用型、研究型等高校办学特色，依托区域文化及产业生态、学校育人品牌文化及平台资源，精准、科学地设置专业劳动教育的指导方案和策略，制定培养方案，才能从实处推进劳动教育的实施，提升劳动教育的质量。

在笔者看来，高校专业劳动教育需以学生发展为中心，以专业人才培养目标与教学问题为导向，完善人格—素养—思维—技能一体化培养机制，以价值理念为引领，以课程体系为内核，以劳美结合为底蕴，以创新创业为拓展，以场景营造为载体，全面建构教学模式、内容、方法、评价机制。从育人机制看，高校专业劳动教育需将专业教育与劳动实践相结合，以理想信念、职业体验、创新思维、审美实践与情感认同浸润专业劳动教育的全过程，围绕文化基础、自主发展、社会参与等指标，融通精神价值、知识能力、思维品质等的综合培养，强化理论与实际，学习与生产生活，求知与求真、求善、求美之间的有机关联与协同性。具体到课程内容与教育方法，需要注意以下几个方面。

首先，要落实立德树人根本任务，从"知、感、行"三个层次系统设定课程目标，将中华优秀传统文化中的劳动思想、马克思主义劳动观与中国特色社会主义劳动观有机融合，从人与自然、人与社会、人与文化三个维度建构正确的劳动价值体系。促进劳美融合，以审美化及情感认同为内部逻辑，深入挖掘区域特色文化教育元素，建构美好生活教育、可持续发展教育与专业知识教育有机统一的课程内容以及思想政治话语体系。

其次，要凸显专业劳动特色及内涵，注重探索性、研究性的劳动实践，凸显劳动课程的创新性与职业性，充分渗透职业生涯教育、创新创业教育。要围绕区域经济文化发展，以不同劳动实践专题精准对标产业发展及生活需求，锻炼创新思维，同时注重促使学生思考和探究新命题、新知识、新方法、新技术，探索适应时代发展、有社会责任感、有创新精神的专业人才培养路径。注重在新工科、新文科教育背景下，促进学生的跨学科专业知识素养积累，强化复合型、新形态的职业体验内容，加强学生对不同劳动者角色的理解与共情。既要注重传承优秀文化，也要面向新时代、新技术，注重创新思维，注重知识—技能—审美—素养一体化的课程内容设计。高校可以通过复合拓展实践作业、自选作业与多专业线上课件、案例库、微课等数字资源，为学生提供特色化、个性化、复合型的劳动教育内容，辅以实践考察、研学资源与线上平台建构，强化学生的创造性劳动、跨学科专业劳动以及自主学习探究能力。

再次，要凸显劳动教育的实践性、开放性特点，理论联系实践，注重情境体验，以多形态教学资源推进课程实施，多渠道开发课程资源。例如，可以采取课堂讲授、专题讲座、实地研学考察、综合实践展陈、案例库资源等，引导学生自主拓展学习，激发其开展跨学科专业探究、创新创造的灵感，同时精选"互联网+""挑战杯"等赛事获奖案例，培养创新创业意识，促使学生学会创新性解决实际问题。注重实现优质教育资源跨区域、跨校、跨界的共享共用，并强化劳动教育隐性课程的整体设计，充分利用展陈、媒体平台开展立体宣传。

最后，要多维度建构科学评价机制，以评促建。专业劳动教育的规范性、劳动教育效果的衡量，都离不开健全的课程评价机制，完善、科学的评价机制能够促进专业劳动教育及时调整方法，指导教师规范教育过程，同时激励学生不断改进学习方法、提升实践能力、形成思维品格。专业劳动教育评价应注重全员、全方位、全过程评价，注重考察培养实效。全员评价主要指由教师、学校、社会机构、用人单位等多元主体参与对学生、教师的评价，重点是科学评价学生在专业劳动中开展调研实践、创新创业、团队合作以及解决实际问题的综合能力与职业素养。当然，评价也应指导学生进行自我评价和相互评价，促使学生能够对自身的学习方法进行反思和持续改进，不断提升自己的实践能力和素养。对教师的评价侧重教学态度、方法、能力等。在上述评价的基础上，还要依据教学目标达成情况来对课程进行整体性的评价，如课程内容的设置、课程资源的多渠道开发及社会影响等。

全方位评价主要指教师要依据学生发展核心指标、专业劳动内容的特色、学生的基础能力等，对学生的学习效果进行综合评价。比如，针对专业劳动课程的理论学习，可以通过课程作业、课堂讨论、主题汇报等方式，考查学生对劳动价值观的理解、对知识的掌握等。对实践学习的评价，则可以通过单项与综合评价结合的方式，考查学生的劳动态度、劳动技能掌握、创新思维提升、职业素养形成以及跨学科专业探究、自主学习拓展能力等，既要尊重个性特点，也要以成长为导向，注重以形成性评价为主、终结性评价为辅，以促进、激励学生进行增值性的学习。全过程评价与全方位评价息息相关，主要是指将评价贯穿于课程的全过程，同时也贯穿于学生发展的全过程，重点评价学生是否在劳动观念、劳动态度、劳动知识技能、劳动思维及职业品德等各方面正向发展。

综上所述，高校专业劳动教育应紧跟高等教育教学改革和人才培养需求，遵循教育教学规律和人才成长规律，从课程建设、机制模式建构等方面探索创新，促进劳动教育内涵式发展，并在此基础上明确课程教学标准，细化知识体系要求，完善劳动课程体系建设，为达成教育目标提供良好的载体和条件。

二、生态劳动课程体系建构与课程思政建设

高校专业劳动课程建设要充分体现新时代高校人才培养的政治导向和价值导向。在政治导向上，要坚持以习近平新时

代中国特色社会主义思想为指导，坚持以立德树人为根本任务，体现党和国家对教育的基本要求，体现国家和民族基本价值观，体现人类文化知识积累和创新成果。在价值导向上，要强化课程思政建设，立足中国国情、体现区域特色，要树理想信念、涵人文精神、养家国情怀，坚持培根铸魂，培养坚定文化自信、厚植家国情怀、具有国际视野的德智体美劳全面发展的新时代人才。同时，政治导向、价值导向要与专业性、知识性、审美性、实践性相统一，才能真正入脑入心。这里，笔者以生态教育与设计专业劳动教育的融合为例，来具体阐释高校专业劳动课程建设和课程思政建设的路径。

生态育人与设计育人同向同行，有助于更好地发挥生态文明的育人价值与设计专业劳动课程的优势，通过建构生态劳动课程体系、思想政治话语体系，有助于完善具有设计专业特色的劳动课程体系。从广义上说，设计专业劳动课程体系涵盖了通识性的公共劳动课程、跨专业的复合型劳动课程与大量的专业课程，从理论课程、实践课程到实习、毕业设计等，几乎覆盖了专业培养的全过程，这也体现了国家将劳动教育全面融入专业教育的导向。目前来看，高校设计专业劳动教育的目标体系逐渐完善，旨在促使学生掌握设计知识，树立正确的择业就业创业观，结合社会实践开展服务性劳动，进行设计生产劳动锻炼，积极参加实习实训、创新创业活动等。在育人机制与模式上，一些高校开始探索如何强化劳动精神培养，提升学生的职业素养、设计创新能力，在评价环节也积极革新。

在教学资源上，不少高校注重创造条件，积极推进设计劳动教育"走进"企业、社区、村镇等，使设计劳动实践与知识学习紧密衔接，注重探索设计劳动教育与社会实践、创新创业教育相结合的路径，注重结合非遗传承、乡村振兴、区域经济文化发展战略，组织学生深入开展形式多样的公益活动、志愿劳动和社会服务等。同时，注重营造校园氛围，提供相关讲座，设立第二课堂，举办相关成果展示、赛事等丰富的文化活动，为学生提供观摩、欣赏、学习、创新的条件。但总体上看，设计专业劳动教育还有待进一步强化内涵建设、话语建构，紧密联系生产、生活，完善课程体系，创新教学手段、教学场景等。这些问题的解决皆有待育人模式、理念、方法的系统化创新，以增强劳动育人和课程思政的实效性，强化设计实践以劳养德、以德铸魂、化育人心的效用（见图4.1）。课

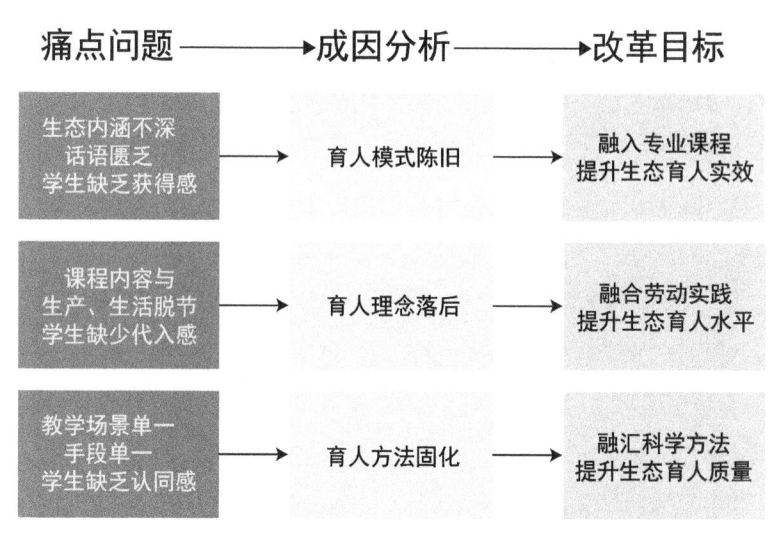

痛点问题	成因分析	改革目标
生态内涵不深 话语匮乏 学生缺乏获得感	育人模式陈旧	融入专业课程 提升生态育人实效
课程内容与 生产、生活脱节 学生缺少代入感	育人理念落后	融合劳动实践 提升生态育人水平
教学场景单一 手段单一 学生缺乏认同感	育人方法固化	融汇科学方法 提升生态育人质量

图 4.1 设计专业劳动教育存在的问题、成因及改革目标分析

程内容及体系建构尤其要重视劳美互促，以审美逻辑来融贯"知、感、行"，加强理论与实践的关联，引导学生在知识、技能学习和创新创业实践中，深度感知设计劳动与历史文化之美、红色文化之美、社会主义建设之美、改革创新之美、绿色发展之美、中华民族伟大复兴逐梦之美的关联，将价值观念内化于心、外化于行，建构与自然、社会和谐相处的理想人格，生态育人由此与设计育人产生了多维关联。

自20世纪60年代生态思想兴起至今，国外生态教育发展比较迅速。高校生态教育总体上呈现三个特点：一是跨学科生态活动与研究兴盛；二是校内外机构、多元主体广泛参与；三是与时俱进，与专业实践融合紧密，逐渐演进为可持续发展教育，这方面的研究将在后面专门阐述。在可持续设计领域，国外也出现了威廉·麦克唐、特雷西·芭姆拉等人的重要成果。1994年，我国编制了《中国21世纪议程——中国21世纪人口、环境与发展白皮书》，首次把可持续发展战略纳入我国经济社会发展长远规划，我国生态教育由此进入全新时代，设计领域也涌现出不少研究成果。但就教育方法而言，我国还需汲取世界成功经验，并立足本土实践系统探索彰显中国生态文化自信、服务生态软实力建构的设计人才培养路径。基于此，笔者近年来在教学实践和研究中，着力探索生态教育与设计专业教育、劳动实践相结合的路径，以生态劳动教育赋能设计专业课程体系建设、课程思政建设，也取得了较好的效果。

笔者的教学针对设计专业本科生进行，立足新文科设计人才培养目标体系，对接产业发展与新形态劳动，融通生态知识、劳动技能、素养品格，探索生态劳动教育融入设计专业课程的模式（见图4.2），通过习近平生态文明思想与社会、文化、科技等的多维融合，建构贯穿各年级段课程的多层次、全过程生态劳动课程体系（见图4.3）。在课程中，笔者注重进阶式普及生态常识知识，启蒙生态设计智慧，引导学生反思问题、跨学科探索前沿设计理念方法，在劳动实践、创新创业中落实从生态知识到技能和素养的转化。注重以理想信念、创意思维、审美实践与情感认同浸润认知、行为全过程，强化审美情感与价值认同，促使学生面对生态环境探究设计新命题、新知识、新方法、新技术。

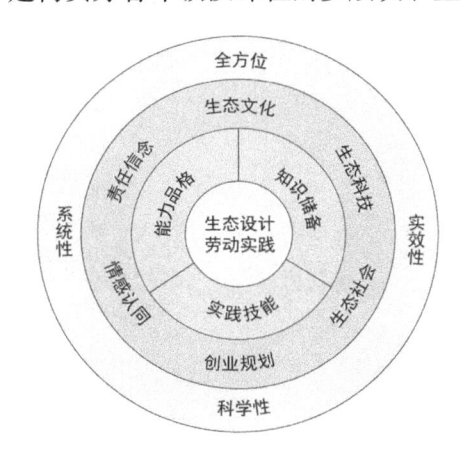

图4.2 生态劳动教育融入设计专业课程的模式

课程内容注重融通设计知识、劳动技能、素养品格，以学生的观察、思辨、体认、实践为内驱力，以案例为用、知识为基、能力为核、创新为拓、思想政治为魂，围绕课堂教学、自主探究、协作创新、成效反馈等多维创新，促成全过程培养，促使学生形成习得知识、获得美感、运用方法、解决问题的综合能力。注重融通劳动技能与品格、劳动知识与价值、设计鉴赏与审美结构，注重理论与实际结合，立足学校高水平应用型

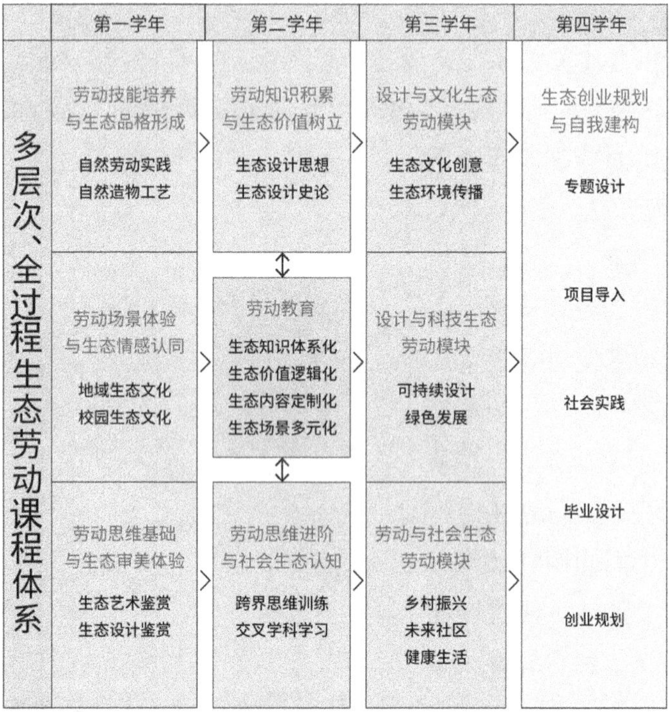

	第一学年	第二学年	第三学年	第四学年
多层次、全过程生态劳动课程体系	劳动技能培养与生态品格形成 自然劳动实践 自然造物工艺	劳动知识积累与生态价值树立 生态设计思想 生态设计史论	设计与文化生态劳动模块 生态文化创意 生态环境传播	生态创业规划与自我建构 专题设计
	劳动场景体验与生态情感认同 地域生态文化 校园生态文化	劳动教育 生态知识体系化 生态价值逻辑化 生态内容定制化 生态场景多元化	设计与科技生态劳动模块 可持续设计 绿色发展	项目导入 社会实践
	劳动思维基础与生态审美体验 生态艺术鉴赏 生态设计鉴赏	劳动思维进阶与社会生态认知 跨界思维训练 交叉学科学习	劳动与社会生态劳动模块 乡村振兴 未来社区 健康生活	毕业设计 创业规划

图 4.3 多层次、全过程生态劳动课程体系

设计创新人才培养定位，结合国情，对接社会经济文化发展，兼具国际视野，建构彰显设计专业特色、符合实际需求的内容体系。具体来说，笔者在课程理论部分全面融入马克思主义劳动观、中国文化自信及习近平生态文明思想，培养学生形成生态劳动价值观念和职业道德、创新创业精神；通过以理论知识结合丰富的设计历史、人物、产品等案例，促使学生体会中华生态文化，培养生态劳动精神，同时使学生深度理解劳动与美的关系，感悟生态设计劳动之美，认知生态设计劳动的审美

价值。

在实践部分，课程体系注重以系统的专题生态劳动实践进一步融通知识、技能、品格，进一步强化审美情感与价值认同，着眼专业知识积累、技能培养、情感认同、品格形成、创新实践、创业规划，打造文化传承、社会生态、科技融合等三大生态劳动实践模块，促使学生在角色和情境体验中锻炼劳动思维。在劳动创新实践中，组织跨专业学生进行团队协作，注重引导学生从复杂的实际与实践出发来分析设计现象、思考设计理念方法，从多元视角提炼出创造性的观点，不断塑造科学的生态设计思维，同时在形成生态知识体系和设计方法体系的基础上，自主探求生态之真善美，形成全面的生态文明素养，并进行复合型进阶实践，以满足产业发展对人才的需求。

此外，课程建设还要注重课内外多元育人主体与平台资源建设，拓展育人空间，以进一步完善内容体系与教学环节。例如，通过整合校外学者、企业专家及城乡、社区、场馆等资源，可以促进设计劳动教育与文化艺术、创新创业、公益服务等的深度融合。对于生态劳动教育而言，美丽乡村建设成为最重要的资源，学生在乡村田野调查及设计的实践中，能够学会解决复杂生态设计问题的方法，培育热爱祖国河山、服务劳动人民的情怀，也能通过实践培养团队合作意识，提升生态劳动素养与创新水平。基于此，笔者所在学院与乡村共建"生态劳动教育基地""生态设计与生态共富示范基地"等平台，组织跨专业"生态劳动研习营"，带领学生以生态设计服务乡村风貌提升、环境整治、生态资源开发与创新转化等，促进乡村经济文化发展，劳动成果由此获得了地方政府及群众的普遍认可，学生也从中获得了成就感。

生态劳动课程需要依托学校区域资源优势，才能打造好多元协同育人平台。因此，在教学中，笔者依托"绿水青山就是金山银山"理念发源地的区位优势，系统筹划生态设计育人工作，并借助学校生态思政名师工作室与生态育人品牌，组建跨学科师资团队与跨专业研习营，常态化开展生态文化节、系列讲座、低碳设计大赛等实践活动以及劳动成果展示活动等，获得了《光明日报》等媒体报道，在课程与项目、竞赛协同等方面，逐渐探索出了设计专业生态育人特色与有效机制。以笔者负责组织开展的校级绿色低碳创新设计大赛为例，来自不同学科专业的师生团队积极参赛，从不同的视角和领域展现了对现实生态问题与全球生态危机的思考，反映了学生的绿色低碳环保和文化创新意识，以及探索和解决生态问题的综合素养与团队精神、实践能力，并融入了自身对中国生态文明的理解（见图4.4—图4.10）。在《绿韵竹光·三绞丝竹编灯》中，灯罩的主要材料为竹子这一天然的可降解材料，该作品采用三绞丝的传统编织手法，在圆柱形的灯罩表面编织出如同波浪一般的纹理，不仅呈现了竹编自带的纹理和文化内涵，而且更加贴合圆柱形的灯罩外形，塑造出一种柔和的氛围与亲近自然的气息。制作者同时在灯罩的内部贴入可降解布料，使用者可以根据布料的厚度来调节光线的强度，以达到让人眼舒适的亮度，很好地实现了生态环保、实际功能与审美文化的融合（见图4.11）。

第四章 高校生态劳动教育与专业教育的同向同行

图 4.4 高校绿色低碳创新设计大赛作品展

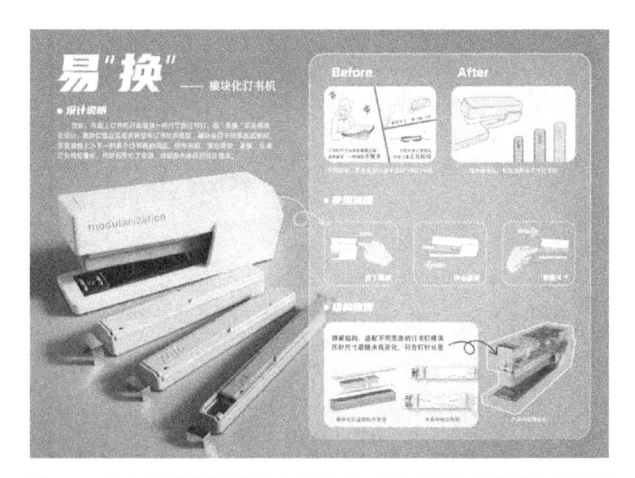

图 4.5 绿色低碳创新设计大赛作品《易"换"模块化订书机》
（宁杰设计）

179

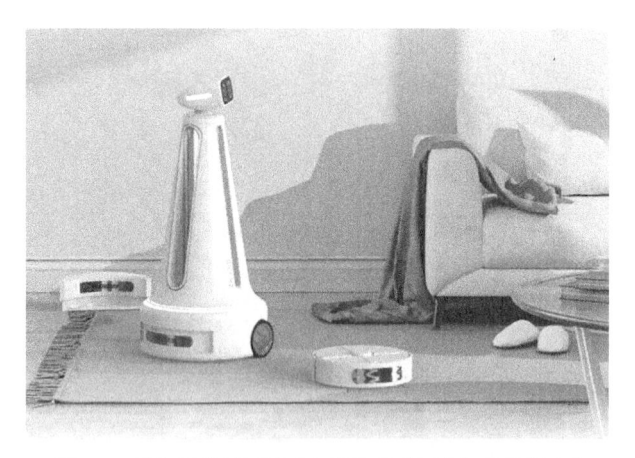

图 4.6 绿色低碳创新设计大赛作品《智净扫地机器人》
（金甬杰设计）

图 4.7 绿色低碳创新设计大赛作品《绿色之心》
（牟涵、徐易设计）

第四章 高校生态劳动教育与专业教育的同向同行

图 4.8 绿色低碳创新设计大赛作品《凤戏牡丹》
（陈招发、谭婧诗设计）

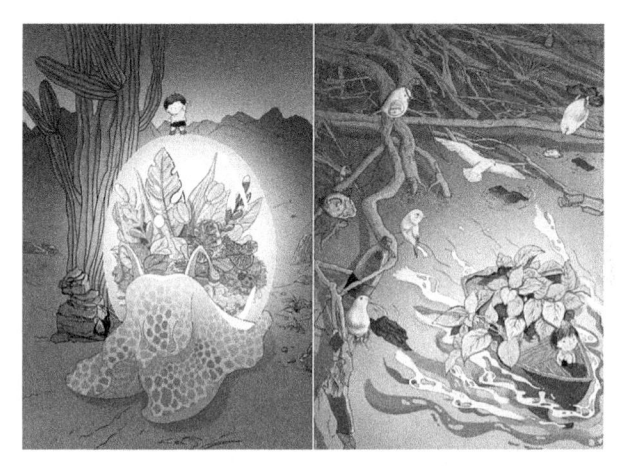

图 4.9 绿色低碳创新设计大赛作品《绿野流浪》
（王佳怡设计）

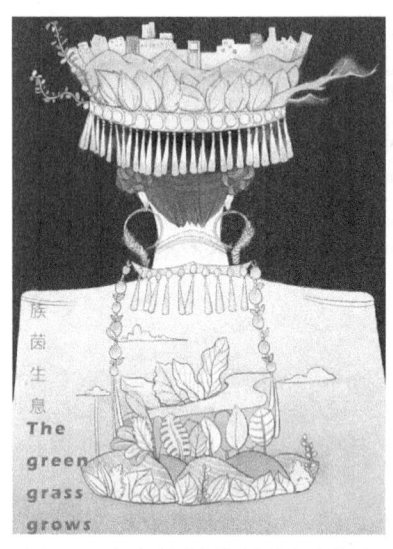

图 4.10 绿色低碳创新设计大赛作品
《族茵生息》
（陈思彤设计）

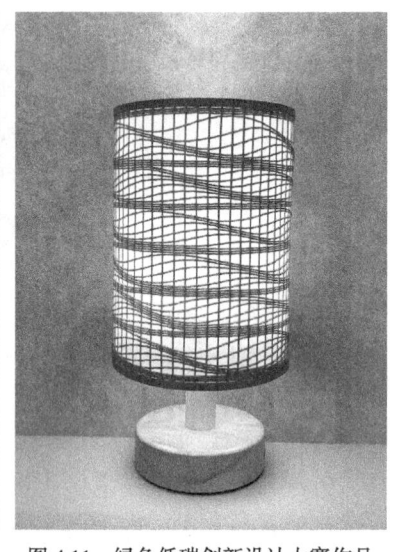

图 4.11 绿色低碳创新设计大赛作品
《绿韵竹光·三绞丝竹编灯》
（吴子涛、陈伟中、祝灵彬设计）

此外，课程教学还充分利用了中国丝绸博物馆、中国茶叶博物馆、浙江自然博物院等第二课堂资源。丰富多样的教学活动与良好的育人氛围，提升了生态劳动育人的实效，也建立了一支高水平的教学团队和专家团队，形成了协同创新的良好平台。下一步，笔者还将进一步激发学生的主体意识，积极培育与生态设计相关的理论及实践研究型学生社团，加强对社团活动的引导和指导，探索以千万工程、生态共富社会实践为课程内容的育人方式，组织骨干学生深入基层开展主题实践活动，为社会提供志愿服务，邀请不同学科的专家学者举办讲座等，为设计专业的生态劳动育人提供持续改革创新的动力。

在学生的学习效果评价方面，笔者依据大学生发展核心指标，以形成性评价为主、终结性评价为辅，将单项评价与综合评价相结合，探索促进学生跨学科探究和参与环境行为的评价方式，建构符合高水平设计人才培养与新文科发展要求的评价体系。在评价指标上，教师注重考查学生调研、思考、创新与协作解决问题的能力，学生对设计知识的探究能力，学生的劳动方案及成果是否符合生态正义，以及是否在这个过程中形成了设计师职业相关品质素养。低年级段作业选题采用学生小组课题、个人方向及兴趣课题等多元结合的形式，突出专题探究示范，引导学生探求知识、形成审美体验以及自己的设计观点。高年级段模块课程，以导师组形式加强对真实选题的系统指导，聚焦问题、重视证据、深度解析，学生在教师指导下进行实地考察、查找资料、调研现状等，完善设计方案，完成选题报告及实践，结课时举办成果展示，集中汇报点评。随着"互联网+"背景下的教育改革的发展，VR、AR等沉浸式虚拟仿真场景体验和交互，辅以内容多元的数字化案例库，将促使学生更加深入地感知生态美、生产美、生活美，笔者也将在这个方面进行更多的探索。

在生态劳动课程思政建设方面，笔者有以下几点体会。首先，需要以习近平生态文明思想与设计教育的全面融合，建构设计专业劳动课程的思政话语体系。唯有将习近平生态文明思想体系转换为设计教育的学理底蕴，通过建构历史与逻辑相统一、理论与实践相统一、问题与方法相统一的话语体系，才能达到良好的育人效果。具体来说，教师要立足中国生态文明底蕴，提取生态设计文化精髓，从美丽乡村、绿色发展、健康生活等设计现象中，从设计劳动实践与社会生产生活的基础的、广泛的交集中，来阐释生态文明行为和规范，全面、深入地阐发生态文化价值观、生态设计观。在此过程中，既要围绕社会经济文化发展，阐释中国方案、经验、智慧，也要将习近平生态文明思想嵌入学生的精神生活、政治生活、日常生活之中，促使学生加深对习近平生态文明思想的全面理解。例如，不少学生热衷于助力乡村振兴，却对美好生活与文化小康等内涵及建设机制知之甚少，这就需要加强对生态话语的系统建构。

其次，需要强化学生对"角色"的认知和体验，实现生态育人的"内化—建构"。教师要积极发挥设计劳动的特色优势，为学生提供创新生态文化、建设美丽乡村、促进绿色发展等多元化的生态劳动场景，充分发挥学生的主体性，注重主体与环境之间的相互作用以及主体自身情感结构、审美心理结构的生成，以价值认同为目标，以审美实践过程中的情感认同为机制，强化学生对"角色"的认知，促使学生把对价值观的"识别"转化为"内化—建构"。在这个过程中，教师要充分发挥学生想象、思考和创造的积极性，通过将思想政治话语融入"场景化"叙事之中，促使学生感知生态文化内涵及价值，形成内在的规范与价值认同。

在课程思政建设中，学生真实地面对现实环境和问题显得尤为重要，教师应引导学生在各类创新创业平台与现实场景空间中充分感受人性化的生态设计，不仅在传承非遗、建设美丽乡村等设计实践中充分感受生命和情感的价值，还要在全球化与多元文化、产业与媒介发展、现实与虚拟相生的语境中，不断探索生命存在的意义与建构和谐社会的方式，促使学生将职业道德、素养与生命精神境界融为一体，在审美实践中真正体悟建设和享有美好生活的获得感、幸福感。总之，对生态文化情境的建构与沉浸式体验为设计劳动课程思政建设带来了极大的优势；但值得注意的是，往往由于教师没有很好地引导学生对其行为价值进行"识别"或者对问题进行"反思"，课程思政的成效会大打折扣。

再次，生态劳动课程思政建设离不开组织制度的完善。依据笔者在教学管理中的实际经验来看，建立和完善各项制度是保障课程思政建设的基础条件。例如，教学单位应组织任课教师定期开展专题学习与教研活动，组织优秀教师说课、汇报，举办思政教学沙龙，注意保存相关文件档案、建构案例资源库，定期进行课程思政成果要报编撰与教学成果展示，举办作业作品展示，等等。通过完善合理的运行机制，形成教学各环节质量监控、效果评价办法，以及建设课程思政基层教学组织、教学研究团队，才能为高质量开展课程思政建设提供必要的保障。

三、审美因素的有机融入与完整经验的建构

劳动教育的审美化在生态设计劳动实践中体现得十分明显，其渗透进教育的主体、介质、环境要素各方面，但是如何引导学生建构与对象的审美关系，在实践过程和环境中感受美，目前仍缺乏深入的研究。在教学中，"知、感、行"的融

合十分关键,其中的"感"成为联结"知"和"行"的纽带,不仅能促使学生更深刻地认同劳动精神,体验劳动情感,还能促使学生更自觉地在艰苦奋斗、勇于创新、爱岗敬业的实践中锻造顽强的劳动意志,形成理想人格,而"感"的实现离不开主体、介质、环境的综合作用。基于此,笔者尝试从主体、客体、介质、环境四个触点出发,探索建构学生完整经验的机制(见图4.12)。

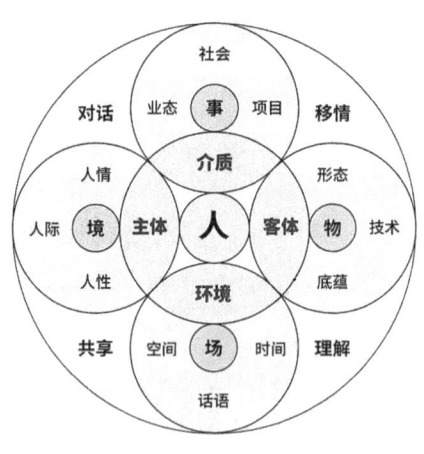

图 4.12 完整经验的建构机制

例如,在"中国设计史论与鉴赏"课程中,教师可以引导学生从介质——设计作品中体会中华民族悠久伟大的生态文化,从政治、经济、文化等方面来系统认知作品背后的生态理念与社会价值,进而在生态设计史知识学习中形成正确的价值观、设计观。即使在美术史论的学习中,一幅幅生态劳动主题的画作、一件件生态设计主题的雕塑,也能让学生体验到现实生活中的劳动美。因此,教师要善于运用这样的经典作品案例,引导学生在审美中培养对劳动人民的热爱之情,也可以让学生创作展现劳动人民与劳动精神题材的艺术作品,记录劳动模范或者劳动人民的生产、工作场景等,还可以通过为社区居民写春联、为敬老院的老人送祝福等义务劳动,在创造美的过程中体会到无私奉献、关爱劳动人民的幸福感。

在实践过程中，教师要充分利用自然、社区、场馆等资源拓展教学场所，还要充分发挥学生的主体性，创新教学形式，全景式建构完整经验，营造情境化、叙事化体验场景，建构良好的环境，促成环境与主体间的互动。在场景理论视域下，社会中的任何公共空间都是人类生命与外界之间关系的体现，是社会的、物质的、精神文化的折射，建构着人的经验。同样，在环境心理学看来，自然环境、建筑环境、展陈环境、社交环境、信息环境等空间塑造可以影响主体的行为，唤醒主体的生理、心理和价值观，主体与环境的互动关系也对主体的认知与行为起到了重要作用。这种作用主要包括由表及里的三个层面。其一，以最直接的视觉、听觉、嗅觉、触觉等感官体验激起主体的生理感知；其二，以内容信息的传递激起主体心理层面的认知；其三也是最终目的，是以价值观的输出来实现对主体行为的引导，而这一目的的实现是以前两个层面为基础的。

场域理论以及环境心理学中的环境—行为关系理论，为教学场景的建构提供了启示。例如，教师可以利用校内展厅进行生态作品实物、案例等的展示（见图 4.13—图 4.16），通过布置展览环境以及讲解等方式，让学生获得生理、心理上的审美感受，同时通过有序设置展览内容、建构叙事场景来讲述作品、案例背后的生态故事，引导学生对其价值观念进行更深层的认知。在这个过程中，教师要将生态话语融入"场景叙事"中，以审美情境促使学生深度感知生态美、生产美、生活美，形成内在的规范与价值认同。此外，为了促进学生进行更积极主动的审美实践，还可以运用多媒体及互动装置等途径，让学生成为参与者而非参观者，从而获得更丰富、更完整的劳动经验（见图 4.15）。

图 4.13　高校劳动教育课程学生实践作品展示

图 4.14　学生生态主题设计作品《蔚蓝的眼泪》
（林觐旺、潘敏萱设计）

图 4.15　学生生态主题设计作品《自治》
（耿李超设计）

图 4.16　高校劳动教育课程教学案例展示

在生态设计劳动教育中，教师还可以带领学生参观博物馆、科技馆、城市规划展示馆、产业园区等，让学生全面了解不同领域的生态知识与技术发展，可以邀请行业名师名匠来做

189

讲座、演示或者与学生座谈，分享各种职业岗位上的劳动内容、劳动经历与职业经验等，介绍产业发展趋向以及对大学生的职业素养要求等，为学生提供近距离了解社会需求、积累社会经验的机会。产教融合尤为重要，企业能够为学生提供稳定的劳动实践基地，通过项目化、全仿真劳动实践，可以让学生更真实、更全面地体验职业角色。总体上，良好的生态劳动教学场景应从社会、文化、心理、生理等多个层面激发学生的审美感受与生命体验，将被动的接受转化为主动的认知与行为。良好的教学场景不仅提升了教学效果，还有助于学生记忆的创造、审美心理结构的形成，能对学生产生持久的影响。

劳动实践是检验学生知识素养和锻炼学生技能的必要途径，也是学生全面激发劳动情感、形成审美心理结构的关键。在实践过程中，教师一方面要充分运用介质，促使学生掌握"具身知识"，获得深层的审美体验；另一方面要指导学生在环境中学会处理设计者与受众、自我与他人、人与自然及社会之间的关系，识别、反思"为何设计""怎样设计"等问题，将职业道德、素养与生命精神境界融为一体。这样，学生才能在设计实践中真正体悟建设和享有美好生活的获得感、幸福感，同时深入理解、系统把握设计的内部逻辑与规律，树立正确的设计文化价值观。

以手工艺生态劳动为例，诸多教育家都将手工艺劳动视为获得完整经验、建构健全人格的重要途径。教育学中的具身理论强调学生通过身体动作与环境展开互动来获取知识，通过身体动作和实际操作来锻炼动手能力，而手工艺在这方面具有突出功效。在实践过程中，学生可以通过对基础技能的学习、对符号图案的认知和对民俗文化的了解，全面把握手工艺劳动的社会经济文化功能，理解其对于人们建构身份认同、实现精神价值追求、获得情感与审美体验的意义。在这个过程中，教师可以通过提供作品实物、制作工具材料等，介绍手工艺题材与制作流程背后的神话传说，展现真实的劳动场景、生活场景等，让学生能够深入了解手工艺的相关知识，了解民族文化历史，认同劳动人民勤劳质朴、热爱生活的价值观念，初步培养自己的审美趣味。同时，可以邀请非遗传承人、工艺大师进行现场指导，与学生互动，为学生提供必要的制作工具材料，促使学生在技能训练中锻炼自己的动手能力、观察能力以及耐心、毅力。尤其是传统手工艺的精巧细致、严谨有序的制作训练，能够很好地锻炼学生的条理性、逻辑性，这些品质都为其进行设计创新提供了重要基础，也有利于学生身心的全面发展。值得注意的是，随着知识劳动、数字劳动成为劳动实践的新常态，不少师生容易忽视传统的体力劳动或者手工艺劳动的重要价值，事实上这对于学生的完整生命体验以及整体素养而言都是非常重要的。

在这个过程中，教师还要注重情境建构与场景叙事，以更好地激发学生的审美体验、情感认同与道德生命感应。比如，可以通过"工作坊"的形式来开展教学，这一教学方式早在20世纪60年代就已经由劳伦斯·哈普林提出来，以促使不同人群在相互作用下共同寻找解决问题的方法，进行协作创新。这种组织方式能够让学生与教师、专家、工艺大师等主体进行相互交流，也能够让不同专业的学生相互合作（见图4.17、图4.18）。在校外"工作坊"里，教师还可以在学生与当地群众之间、与大自然和社区环境要素之间建构起丰富的交互情境，不断赋予学生身体经验，通过衔接"学思做"，科学地促进学生的成长。

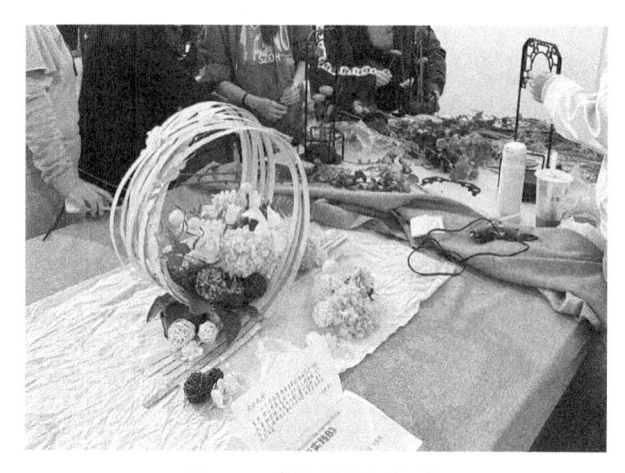

图4.17　高校创意劳动工坊

图4.18　高校陶艺工坊

学生完整经验的建构离不开其身体经验与社会经验的获得，生态劳动教育尤其离不开对学生经验的建构。学生对知识的获取不能仅仅依靠课堂学习，更需要在现实生活中积累经验，在解决实际问题的过程中来完善知识结构。唯有积累自身处理与自然、社会之间关系的经验，学生才能真正形成对世界的认知与价值观，获得有用的知识与方法，也才能学会运用知识、方法来指导自己的实践。在做的过程中，"思"显得尤为重要，这意味着教师不能简单地向学生传递知识，而学生也不能停留于单纯的、重复的机械劳动，要在做的过程中进行积极思考，才能提升自己的认知水平和解决问题的能力、获得成长。也正如建构主义学习理论强调的那样，完整的学习过程体现了学生通过实践对知识进行外化和习俗化的历程。总之，这样的教育才符合教育的本质，教师要有意识地培养学生"学做融通"的能力，促使学生自主地建构知识体系，形成劳动实践的内驱力，在"学思做"的动态螺旋上升中实现自主发展，实现理性与感性的统一。

其中，如何以"思"来促进"学做融通"，就显得尤为关键。首先，教师要促使学生对真实生产生活进行思考，实现个体的社会化转变；在案例设置与场景建构中，学生要结合广阔的社会、传统、文化背景来还原日常化的设计与生活情境。其次，教师要引导学生积极识别和反思场景中的政治、社会、文化、伦理及美学等问题，促使学生树立价值观。再次，教师要注重与学生的互动，促使学生在价值观的指导下，运用所学知识探索解决问题的方案，形成科学的思维方式与合理的设计思路。最后，教师还要引导学生进行持续的"思"，以实践检验自己掌握的知识与方法，审视自身的优势与不足，取长补短，积极进行跨学科专业、多维度的拓展学习。简而言之，"思"体现了学生的主体性，贯穿着学生从认知、认同到实践、反思的全过程，"学思做"的融通实现了教育过程的最终目标，促成了个体的身心发展与社会需求之间的统一。

第二节 生态劳动教育与创新思维培养

一、设计史中的生态劳动智慧

前面较为整体地探讨了生态劳动教育融入设计专业人才培养的路径，本节将结合具体的课程及案例来阐发生态劳动促进设计理论与实践教学、提升学生的创新思维和综合能力的方法。在劳动教育与专业课程的融合中，专业理论课程是建构学生的劳动价值观念、培养其审美趣味的基础，但在实际中却往往是最薄弱的环节。如何让专业理论课程在生态劳动实践的促发下展现活力，革新教育方法，提升育人实效，成为颇有价值的研究命题。

以"设计史"课程为例，这门课程是针对设计学科各专业方向学生开设的核心基础课程，对专业集群教育内涵建设及学生综合素养提升有着重要的支撑作用。从国内绝大多数院校来看，设计史课程的教授往往以知识介绍为重点，教学场景和过程形态较为单一、陈旧，与社会实际及设计实践之间没有产生过多的联系，亦缺乏跨学科视域以及与新时代劳动教育的深度融合，因而无法很好地提升学生发现、探索、解决实际问题的能力以及思维品质、研究能力。五育互融育人目标、经济社会发展新态势、新文科背景下设计专业学生的综合素养培养需求，进一步对设计史教学提出了改革要求。基于此，笔者尝试将生态文明教育、专业劳动教育与设计史教育紧密结合，科学设置设计史课程的教育目标，将"绿水青山就是金山银山"理念融入"设计史"课程，深入挖掘设计史课程中的生态文明教育元素，同时结合劳动实践与创新思维培养，凸显设计专业教育特色，系统建构课程内容，探索"生态劳动研学"教学模式，以切实提升设计史课程的育人实效。

如前文所述，教育最终要促进个体将知识转化为应对生产生活的规律、方法及劳动实践能力，设计史教育也不例外。按照建构主义的学习观，设计史的学习最终也应走向劳动实践，学生通过"学"与"做"的融通，才能将知识转化为能力，并加深对知识的理解，也只有在实践经验的积淀中，才能完善知识架构。在"做"的过程中，学生还能够基于具体的问题和情境，对知识进行创造性的运用与拓展，进而形成良好的思维能力和自主探究能力。因此，笔者尝试以学生发展为中心，把理想信念、创意思维、审美实践与情感认同渗入设计史教学中，并有机衔接设计观、设计方法、设计行为，以实现知识与技能、思维、素养的一体化培养（见图 4.19）。在此过程中，笔者从生态文明史和文化发展史的角度引导学生观照设计史的发展，促使学生在社会生态系统中理解设计现象，形成历史与逻辑的统一、理论与实际的融合，强化审美情感与价值认同，形成生态理念、文化自信、时代精神、家国情怀、职业素养等，并自主、持续地探寻当下及未来的生态设计创新之路。

知识与尝试	理念与价值	思维与智慧	实践与创新
自然与设计	生态保护	知识体系化	研究能力
社会与设计	社会美好	历史逻辑化	实践能力
经济与设计	共富共享	问题导向化	创新能力
文化与设计	文化自信	思维合理化	拓展能力
科学与设计	科技伦理	方法科学化	合作能力
专业融合 学科交叉	情感认同 话语传达	真实案例 场景体验	创意劳动 科学评价

图 4.19 "知识—价值—思维—实践"融通的设计史论生态文明内容体系

如果说美术史是一件件美术作品所构成的历史，那么设计史就是一件件设计产品所组成的历史，是集人类的观察、思考、体认、实践于一体的文明史，是在社会政治、文化、经济、技术的演进中不断进化的创造史。因此，对设计史的学习有助于让学生理解人类的过去以及思考如何走向未来，同时也需要学生在生动的实践中不断深化这些知识、理念，以史为鉴，探寻当下及未来的设计文化创新之路。笔者力图将生态文明的内容转化为生态话语，将生态文明理念与设计价值融为一体，在案例教学、场景研学中聚焦"中国智慧""中国方案""中国经验"，立足中国生态文明底蕴，在从传统哲学美学、造物思想、工匠精神到当代美丽乡村、绿色发展、健康生活的思想脉络中，全面、深入地阐发生态文化价值观、生态设计观。同时，引导学生从设计劳动实践与社会生产生活的基础的、广泛的交集中，从人类丰富的设计创造成果中提取生态设计思想精髓，理解和认同生态设计行为规范。

学生对中国生态设计思想的认知，是其树立生态文化自信的关键。在中国设计史中，中国传统造物文化作为中华民族精神、思维方式、价值观念、伦理情趣、人格追求等本质特征的反映，是中国社会经济文化生态的产物，是无数工匠劳动实践经验的凝结，是中国当代人文思想、道德价值和精神家园的根基，也是中国当代工匠精神之源。传统造物精神、价值与行为规范在当代社会的物质、精神及社会关系生产中仍具有生命活力，它们深深嵌入当代人的劳动实践与日常生活之中，并且在主体与客体及环境、理想与现实之间弥合裂隙，促使社会实现更高层次的现代性"和谐"，这便是传统造物精神向当代工匠精神演进的逻辑。当代中国工匠精神不仅以"善和"观念为本源，还在当代物质与精神文化生产、主体生存及社会全面协调和可持续发展中不断衍生新的内涵，这些都在人类的设计劳动中得到生动的呈现，所以说一部设计史便是一部鲜活的生态劳动史、生态文明史。

在教学中，笔者首先引导学生从生态劳动和人类生存的角度深刻理解工匠精神，理解和谐之美主导下的生活是富有情感的、追求精神享受的生活，设计者需要合理承继和发扬传统造物文化中的生态思想与社会功能，弘扬"美善合一"的价值观念，建构当代人的日常生活和精神家园，以设计服务社会主义核心价值观传播、社会主义生态文明建设，服务于人民美好生活的实现。在此基础上，笔者引导学生对设计史中的诸多案例进行深入思考，促使学生能够认识到，设计者不仅要传承传统造物精神，还要不断发展和创新，设计者要将传统造物精神品格、价值与行为规范融入当代设计劳动和生活，拓展设计价值的维度，丰富设计行为的文化内涵，建构当代工匠精神价值体系，让设计真正融入生活、深入生活、回照生活。

在教学中，笔者探索了"生态劳动研学营"这一教学方式，结合课堂理论教学、博物馆实地考察以及动手实操，将理论与实践、历史与未来、艺术与技术进行了有机融合（见图4.20、图4.21）。教学重点在于：一方面，整合校内外教学资源，为学生提供丰富多样的实践活动与生态劳动场景，增强学生的学习体验及审美情感、生命体验，系统建构学生的生态文明经验，培养学生自主学习的能力与创新能力；另一方面，基于社会、文化、科技等不同的生态维度，围绕社会经济发展需求，系统建构课程知识、案例内容，开展生态文化创新、美丽乡村建设、绿色低碳发展等专题设计实践，实现教学内容从理论到实践、从传统到当下的合理转化。笔者发现，这种方法能够较好地促进学科交叉、专业协同，拓展学生的设计思维，促使学生面对新时代产业发展与技术革新、生态危机与挑战，自主探究前沿生态设计理念方法与生态设计命题，积极了解新知识、新方法、新技术，将生态设计常识、知识转化为生态设计智慧。教学中的实践环节也强化了学生的社会责任感、创新精神与专业能力，全方位优化了设计史课程的教学效果。

图 4.20 博物馆里的造物劳动研学营

图 4.21 教师为学生讲解文物背后的生态设计知识

在设计史课程中发挥"研学"教学优势，重点在于"研"：一方面要培养主体的研究与探索意识，引导学生形成知识框架，探究生态领域中的设计问题，积极思考并进行创新实践；另一方面要塑造学生的审美心理结构，注重主体与环境之间的相互作用，促使其将生态文明行为规范融入日常生活中，形成完整的生活经验与深度的审美体验，同时要着眼于学生的品格形成、情感认同、职业规划，提升其生态素养与人格修养。以"研"为中心，笔者在作业选题中，引导学生通过博物馆考察和文献阅读，选择设计史中的某一现象，从生态系统的角度阐发现象背后的价值观念与社会功能，提取其中的设计规律，并结合自己对当下设计现象的思考，运用规律来指导自己的创新实践，鼓励运用新材料、新方法、新技术来大胆创新，同时也要解决实际问题。作业选题也注重定向与发散的结合，以更好地满足个性化教育需求，激发其兴趣，培养其自主研究能力与创新能力，在劳动实践中也鼓励学生进行跨专业协作，以提升学生的复合素养与团队合作能力。

学生通过前期调研与问题分析，利用绿色环保材料，以新工艺技术、当代设计语言方法以及丰富的生态维度，很好地传承和拓展了传统造物设计思维，制作出了一件件既有理论介入又有思想深度，还极具观赏价值、实用价值的优秀作品。例如，作品《拙重》（见图4.22）通过对春秋战国时期印纹陶麻布纹罐的调研，汲取其造型、纹饰、工艺中的精华，以碳粉、蛋壳、金银箔、瓦灰、大漆等材料进行手工复制，在保存文化基因和艺术特色的同时，凸显其别样的肌理之美。厚重的瓦灰与流动的大漆在奇妙的交融碰撞下，促使"拙"的远古风范转化为"重"的当代视觉风格，为器物注入了生命活力，也显现了对工业化时代下的"手作"价值的思考。作品《瞻·飞》（见图4.23）同样体现了学生对传统手工艺——纸雕技艺的学习探索，其灵感源于北宋赵佶的《瑞鹤图》，在造型上则体现了富有特色的剪影效果，线条造型和黑白构图都传承了传统艺术

第四章 高校生态劳动教育与专业教育的同向同行

精神与雕刻形式语言，同时将这一非遗技艺与现代灯具相结合，体现了对非遗活化传承的思考。作品《新材料造纸》（见图 4.24）以废弃咖啡渣与纸张纤维融合，不仅提升了纸张的韧度，节约了造纸材料资源，也创造出了散发独特芬芳、"中西合璧"的文创纸品。

图 4.22 《拙重》
（谢梦婧设计）

图 4.23 《瞻·飞》
（施嘉琪设计）

201

图 4.24 《新材料造纸》
（祝可怡设计）

作品《山水间》的灵感源自古代绘画《千里江山图》。学生不仅被画作的经典形式语言深深感染，还从"卧游"的传统美学观念、"中得心源"的创造理念中领悟到了中华民族"天人合一"的哲学思想，运用"观"的艺术思维来赋予画作新的生命，通过对画中"山石"象征符号的阐发，运用现代服装材料来重构其质地、肌理和造型，以表达当代人心中的"山水世界"。同样取材于此画的作品《青绿山水》提取了山石之形与传统设色"积染法"，运用现代透明与非透明材质的组合，来呈现山峦间的透叠、错落之古典韵致，同时营造出虚实空间中的视觉幻象。《解压》（见图 4.25）聚焦深浅变化的山水色彩，以充满颜色液体的废弃气泡膜为材质，运用灯光赋予作品丰富的光感变化，展现出极具现代感的视觉效果，同时将参观者的"观"的欣赏方式转化为"参与"的实践方式，参观者可以通过施压气泡使颜色液体随机流淌交融，从而完成对绘画的"再创作",而绘画也将在每一次按压中发生改变。作品以参观者的创造行为巧妙地传达了传统山水画意境美的建构方式与生命之源,对于创新当下展陈交互体验而言,也不失为一次有益的尝试,有助于激发大众认知传统文化的兴趣。作品《凝·墨》(见图4.26)聚焦传统"墨分五色"的哲学内涵与无穷变幻的魅力,通过墨色在现代胶质液体中的随机流动与停滞,彰显出"动静结合""虚实相生"的美学内蕴与独具中国特色的审美品格。

作品《钱塘早春》(见图4.27)的灵感来源于钱塘江第一井——位于杭州吴山脚下的"吴山井",又名"寒泉",系五代越国遗产。《西湖游览志》中曾记载其内有长数尺、或隐或现的鱼,学生由此联想到西湖龙井茶盏中轻盈漂浮的茶叶,为西湖龙井茶及文旅产业开发了系列茶具。在设计中,学生提取了"吴山井"的造型,尽显敦厚古朴之韵,在色彩上则以金属釉和白釉搭配来呈现夹杂着"温暖"与"萧瑟"的"早春",同时也与西湖含蓄内敛、秀雅淡泊的美学特征相契合。《万物生长》(见图4.28)同样从宋代杭州的茶文化中挖掘元素,提取宋代植物纹样并加以色彩、造型上的创新,设计出具有现代风格的茶盘,同时将传统的掐丝珐琅工艺运用其中,传统工艺、木质茶盘与具有现代装饰趣味的图案融为一体,实现了古与今的"对话",展现了学生对传统文化创新路径的探索。

图 4.25 《解压》
(吴婴、刘燕设计)

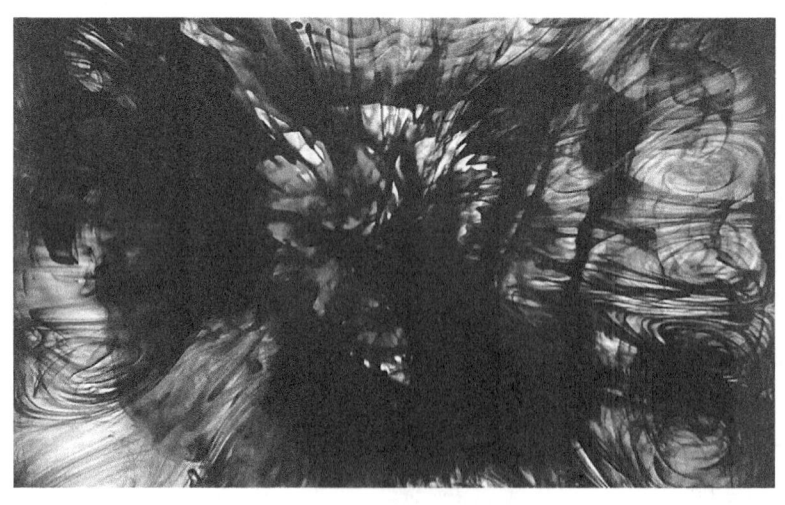

图 4.26 《凝·墨》
(周晓宇设计)

第四章　高校生态劳动教育与专业教育的同向同行

（a）

（b）

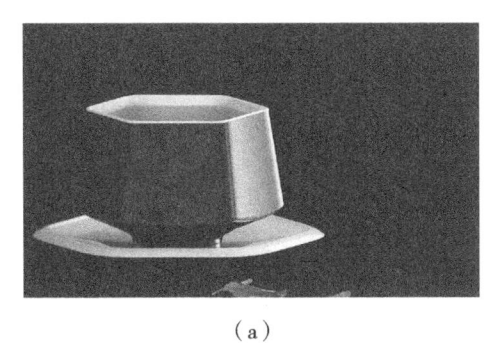

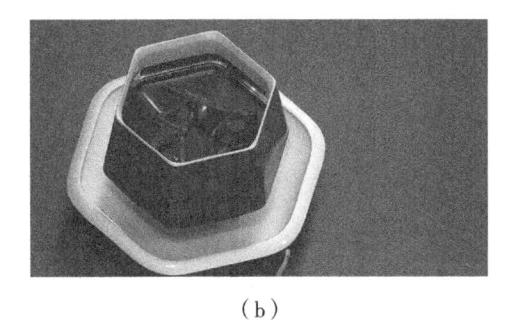

图 4.27　《钱塘早春》
(曹智设计)

（a）　　　　　　　　　　　　（b）

图 4.28　《万物生长》
(陈招发设计)

作品《"石"器》（见图4.29）围绕着"时间"这一维度，以青铜器为对象进行了一次"观念艺术"的尝试。学生以石头、枝叶等天然材质为媒材，摆放在青铜器的"器型"之中，背景则铺以草木染加工的棉布，石头、树叶与棉布皆呈现出蓝绿黄的色调变化，来模拟青铜器在时间的长河中，由于铜铅锡含量的变化而产生的颜色变幻。天然的材质、草木的色调与青铜器造型相互融合，以富有趣味的视觉语言将注重"时间"的中华哲学精神展现出来，体现了学生对于设计史的深入思考，取材及制作方法也体现了生态环保理念。作品《瓷·生》（见图4.30）的创作灵感源于瓷器残片，以独特的方式来赋予残片第二次生命。学生保留了莲瓣纹瓷碗的残片造型及偶然形成的裂纹，尝试采用不同媒材建构形态各异、富有想象力的"莲花"，与残片组合成为崭新形态的艺术品，巧妙地诠释了"生命"延续的方式和意义。作品《身后的文明》（见图4.31）的灵感来源于旧石器时代的岩洞壁画，学生提取其中代表文化、信仰与记忆的符号和肌理，再运用光影的方式将这些符号形象投射出来，无论自然中的风还是参观者都可以让这些符号动起来，让参观者从中感受文化在"时间"中的传承与演进。由服装专业与视觉传达专业学生共同完成的作品《存在的瞬间》（见图4.32）同样以时间之维探讨了设计与人的关系，这件以纸为媒的"衣服"，经过创作者的反复揉搓折叠留下了无数痕迹，折射出文化创造行为中的主体生命存在及其意义，而这次跨专业劳动实践与合作也让学生获得了更开阔的视野，提升了复合创新素养。

第四章 高校生态劳动教育与专业教育的同向同行

图 4.29 《"石"器》
（李晓凤设计）

图 4.30 《瓷·生》
（李笑薇设计）

图 4.31 《身后的文明》
(信蓓设计)

图 4.32 《存在的瞬间》
(周豪、邹宇龙设计)

"设计史"课程以理论教师与不同专业教师组成的导师组来加强对全仿真选题的系统指导，引导学生聚焦问题、重视证据、深度解析。学生在教师的指导下查找资料，制作设计方案，完成选题报告及实践，课程结束后举办生态劳动理论与实践研究成果展示（见图 4.33、图 4.34）。学生在展示现场进行

设计思路、方法、心得体会等的介绍，导师组对学生的作业及汇报进行点评，学生小组之间进行相互评价（见图4.35）。在评价指标上，笔者注重考察以下几点：其一，学生能否基于实际来分析设计现象、思考设计理念及方法，能否从多元视角提出创造性的观点；其二，学生对知识的探究能力、跨学科专业的创新思维能力与学习拓展能力，以及学生结合实际实践来开展调研的能

图4.33 劳动研学营学生成果展览海报

力；其三，学生是否具有创新以及协作解决问题的能力，学生的劳动方案及成果是否符合生态正义，以及是否在这个过程中形成了设计师职业相关的品质素养。从实际效果看，这样的教学设计很好地促进了设计史中的生态知识体系转化为设计方法体系，有利于激发学生的兴趣，促使学生加深对设计史的认知，并自主探求生态之真善美，形成全面的生态文明素养。

图 4.34　学生的实践报告展示

图 4.35　学生进行现场汇报

二、守正创新思想下的传承与创新

文化创新体现了当代社会发展的根本性、内生性需求，代表了社会、民族的整体利益。文化创新是国家繁荣发展的源泉、国家安全的保障，是提升国民综合素质、实现人的全面发展的条件，是发展生产力、促进经济可持续发展的动力，这些构成了文化创新劳动教育的价值体系。就文化创新劳动教育的内容而言，其主要包括文化价值观念与思维方式的引导，以及对文化内容与形式、业态与传播等诸多方面创新路径的传授。文化创新离不开对传统文化的传扬，促使学生树立文化自信是教育的首要任务，同时还需要让学生掌握科学的创新规律。20世纪以来，我国传统文化创新的脚步从未停歇，而立足当下、面向未来，传统文化能否更充分地实现社会功能，能否唤起大众的情感认同，能否为产业经济发展注入动力，能否在全球化时代实现国家文化安全与软实力提升，这些都有待创造者站在更高的角度，更深入地观照文化创新这一生动、丰富的社会实践，把握推动传统文化走向新的繁荣的科学规律与有效路径，而这也成为劳动教育的关键任务。

创新的精神与行为来自观念的引导。没有观念的确立，就谈不上对文化发展创新的方向、目标、格局、思路、动力等的系统认知，也就无法科学地探索文化创新的路径。因此，教师首先要引导学生树立正确的价值观念。作为人类在社会实践中创造的产物，传统文化既是对社会政治和经济的反映，也是指导社会发展的思想资源。简而言之，文化是社会意识形态的体现，并主要通过作用于意识形态领域来促进社会发展。中国传统文化是建构中国人精神家园的宝贵资源，为社会文明和人文思想建设奠定了根基，在全球化时代更显现出优势与先进性。

中华优秀传统文化是中华民族的基因和精神命脉，是中国特色社会主义文化的根源，立足中国特色社会主义实践，推动中华优秀传统文化创造性转化、创新性发展，体现了传统文化创新的价值观念、总体方向与基本思路。

其次，要让学生深刻理解传统文化基因与生命内核。在教学中，笔者注重通过丰富的案例来启发学生思考：当新的技术媒介改变传统文化的形态时，真正吸引人、赋予传统文化独特魅力的是什么？答案是其具有的生命精神、人文思想、价值体系与现实品格，这些正是中国传统文化资源的核心竞争力。笔者还引导学生进一步思考：在文化产业化的时代背景下，推动文化生产并获得经济效益的本源是什么？实际上是原创文化与创意，而原创文化与创意产生的动力仍是文化本身，并非科学技术或产业经济。因此，传统文化的创新，最重要的是挖掘其包含的爱国文化、道德文化、励志文化等精神遗产，以精良而富有文化品位的产品涵养人、塑造人。

再次，要引导学生掌握传统文化创新的科学规律。传统文化创新不仅需要文化价值观念的指导，还需要我们运用科学的思维方式，而这种思维方式是以守正创新思想为基础的。以守正创新思想为指导的创新思维，就要重视传统文化生产与社会经济政治各方面的密切联系，使传统文化的发展与社会变革相契合，从民族性、时代性的辩证统一来看待传统文化的创新，将文化创新与社会经济文化发展、媒介技术变革等视为一个有机整体，进而探寻传统文化创新的规律。从根本上说，中国特色社会主义文化就是以守正创新思想为指导，在批判地继承优秀历史文化的基础上创立的先进文化,现代文化同样是在传承传统文化的基础上发展起来的。当代文化生产对传统文化的创新,不仅要守持民族精神、文化品格与特色,要以高度的文化自信传扬中华优秀文化遗产,汲取其精华,让中华文化生生不息,更要以科学的文化发展观增强中华民族的文化自觉与文化活力,把握社会主义先进文化方向,以建设和谐社会、弘扬民族精神、彰显时代精神为使命,不断建设具有科学性和大众性的社会主义新型文化。

树立守正创新思想,就需要引导学生辩证地看待文化的民族性和时代性。文化的民族性是文化具有的个性和特色,展现了文化的整体风貌与精神特质。时代性是以改革创新精神为核心的,文化作为上层建筑始终随时代而变化。从中华传统文化的发展来看,文化创新是其常态,中华传统文学史、艺术史、工艺美术史因此出现过无数经典和高峰,而中国传统文化也在不断沉积、嬗变、延伸、发展。因此,传统文化创新并非简单传承既有的文化遗产或进行艺术创新,而是需要在嵌入社会发展的过程中,在传承历史、连接现实、服务现实和指导现实的过程中进行创新。这种创新,不仅仅是传统文化价值与意义的再生,也是产业、媒介、技术、审美对文化的革新。总之,唯有引导学生在社会现实中观照、探讨传统文化创新,他们才可能真正把握文化发展的基本规律,才可能以科学的思维方式来看待文化创新现象、探寻文化创新路径,才可能真正做到文化自觉。

教师也要重视树立守正创新思想与促成学生全面发展、建构社会和谐生态之间的有机协同性。守正创新思想旨在促成人与自然的和谐，物质与精神文明建设的并行，当前与未来利益的全面、可持续的发展，其根本是以人为本，实现人的全面发展。"美好生活"这一社会主义新时代的中国方案，充分体现了以人民为中心的发展思想，以促进人的全面发展与全体人民共同富裕为目标，可以说是对守正创新思想的深化与实践。这里的"人民"不是抽象的符码，而是扎根于日常生活各个领域的感性生命呈现，包括了青年大学生群体。从大学生的精神层面的审美生活看，"美好生活"是政治、文化与美学共同体的显现，充分显现出主体的价值，发挥主体在社会建设与治理中的主动性；是以价值认同为目标，同时尊重大学生的个体生命自由，介入其日常生活之中，促成个体情感价值的实现；是以审美实践过程中的情感认同为机制，实现大学生政治生活对感性现实生活的融涵式超越。

因此，教师需要深入发掘中华传统文化背后的人格理想、社会道德、生活智慧，合理传扬中国和谐精神与"道一风同"的治理模式，探索文化自信的话语内涵与育人策略。从创意设计劳动实践对学生精神世界的影响来看，教师不仅要引导学生体悟天人合一的哲学观，更要让学生懂得如何发挥主观能动性来实现自身与社会、自然之间的和谐。教师要以人的自由与全面发展为目标，促进学生对生存价值、生命意义的体认，促使其在文化创新实践中自觉追求社会生存、道德自我、生命存在、心灵境界之间的和谐统一。

最后，教师需要引导学生系统掌握文化内容创新和形式创新的科学路径。在传统文化的内容创新上，学生应在尊重文化核心价值的基础上讲好中国故事，以感人的情境、意境来展现传统文化的思想境界。教师要引导学生以自身经验为基础，注重价值传递与情感共鸣、意境与现实生存体验的融合，促使传统文化精神境界在日常生活审美中得到丰富和升华，通过情境创造将人们的历史记忆转化为对美好生活的向往。从形式创新来看，学生不仅需要理解中国传统哲学、美学观念对传统文化生产的深层影响，理解气韵生动、虚实相生、散点透视等传统文艺创造方法，还要基于当代文化、技术、审美语境来探索传统文化的形式创新，而非一成不变地传承民族文化观念或运用元素。

在教学中，笔者曾引导学生探讨了形式创新与技术媒介之间的关系。传统文化的形式创新离不开技术发展，而技术文化和资本的全球化也不断塑造着人们的审美趣味。技术革新拓展了传统文化的叙事能力，拓展了文本的意义世界，而市场经济与消费文化也在改变人们的价值观念与期待视域，冲击着传统文化精神与美学思想。例如，在国产动画领域，从《铁扇公主》的橡皮管风格再到《秦时明月》的三维CG技术，从《餐桌上的世说新语》的Q萌风格到《新神榜：杨戬》的东西方元素混搭、传统元素与科幻元素结合，无不反映了技术文化及美学对传统文化形式创新的影响。尽管文化创新与技术、消费、娱乐无法分割，构成了当下传统文化创新的生态环境，但是传统文化建构人们的精神世界、增强民族凝聚力、参与社会治理的功能价值却与日俱增，这就要求文化创新不仅要科学把握民族性与时代性、世界性之间的关系，还要更加深入地发掘、理解传统文化蕴含的哲学思想与当代价值，深入地探索科学技术、媒介特性与中国美学、艺术范畴体系之间的融合路径。

课堂上，学生就"艺"与"技"的关系展开了讨论，并进一步认识到，技术是没有民族、思想、品格、情趣的，却往往在媒介、资本的裹挟下，成为价值观念传播的工具，倘若当代创新不能以技术促进中华传统文化的可持续发展，便只能在技术革新的潮流中丧失文化发展的自主性与原创力。笔者引导学生回溯了新世纪以来传统文化的形式创新，发现有些作品一味追求技术带来的感官刺激与新奇，加上文本碎片化、创意缺失、品位低俗等问题，最终削弱了传统文化的精神内涵与话语价值，加深了"艺"与"技"之间的矛盾。学生也更深刻地认识到，需要以开放、融合的姿态以及与时代、世界接轨的视野来进行文化创新，但也要保持住民族精神与文化优势，才能持续增强民族凝聚力和文化创造力。

文化自觉不仅是传统文化实现活化传承的保障，也是文化产业发展的诉求。新世纪以来，中国传统文化资源的产业化开发被提升至国家战略的高度，如何高质量地促进产业经济发展，成为传统文化创新的重要目标。这里的"创新"，不仅是通过原创力发掘、技术创新来提升产业竞争力，同时也是以高质量文化产品、服务以及市场力量促成供求结构均衡、形成市场循环。从现状来看，一方面，传统文化资源开发不足，缺乏对原创力的发掘；另一方面，迫切需要依据市场需求进行技术创新、内容创新、形态创新、服务创新，以精准化、高质量、综合性、全链条的生产来促进传统文化资源转化。

从文化原创力的提升来看，传统文化资源的产业化开发需充分结合地方名片打造、乡村文化振兴、文化消费服务创新等需求，注重产业经济与文化建设的共赢。在这个过程中，传统文化内容与形式都需要围绕文脉传承、资源整合、应用场景、受众审美等进行创新，并对当代多元文化元素兼收并蓄。例如，高校师生以设计创新助力贵州黔东南州竹编文化的传承发展，与当地签订文创帮扶协议，为当地的文化产业注入了发展动力（见图4.36）。师生团队通过设计扶贫、文化扶贫的方式，帮助当地打造非遗文创品牌，对群众进行非遗技能培训，同时与非遗传承人合作，改良当地传统的竹编民俗产品，使之符合现代消费文化与审美趣味（见图4.37）。团队还积极推动竹编商业模式由"卖产品"向"卖体验"转变，基于新媒体传播语境对竹编工艺进行创新设计，在保留传统竹编工艺流程及特点的基础上，制作竹编体验包和线上课程，促进了竹编文化的广泛传播，也推动了竹编文化产业链的形成（见图4.38）。在劳动课程中，非遗传承人与企业导师共同为同学们提供培训指导，同学们也基于自己对传统竹编工艺及文化、产业现状的调研，开发了形式丰富的文化产品（见图4.39）。

图 4.36 高校师生团队助力贵州三穗竹编传承发展

（源自：浙江科技大学非遗文创团队）

图 4.37 高校师生团队创作的三穗竹编产品

（源自：浙江科技大学非遗文创团队）

图 4.38 现代工艺流程下的竹编体验包设计

（源自：浙江科技大学非遗文创团队）

图 4.39 学生在劳动课程中设计的竹编文创品

（源自：浙江科技大学非遗文创团队）

笔者所在高校设计学院在劳动实践课程中积极倡导中华优秀传统文化的传承创新，各个设计专业都在文化创新策略、路径上引导学生深入思考，结合实际，聚焦问题，并落实于实践之中。通过教学，学生深入了解传统造物文化中的基因，自觉运用当代审美趣味、设计美学及语言、科学方法与技术来创造性地"再造"传统器物，使之转化为具有良好实际功能的当代产品，学生也在创造过程中深深感受到了传统文化的魅力与价值，牢固树立了文化自信，掌握了文化创新的科学思维与方法，并通过跨专业团队合作提升了复合创新素养（见图4.40）。

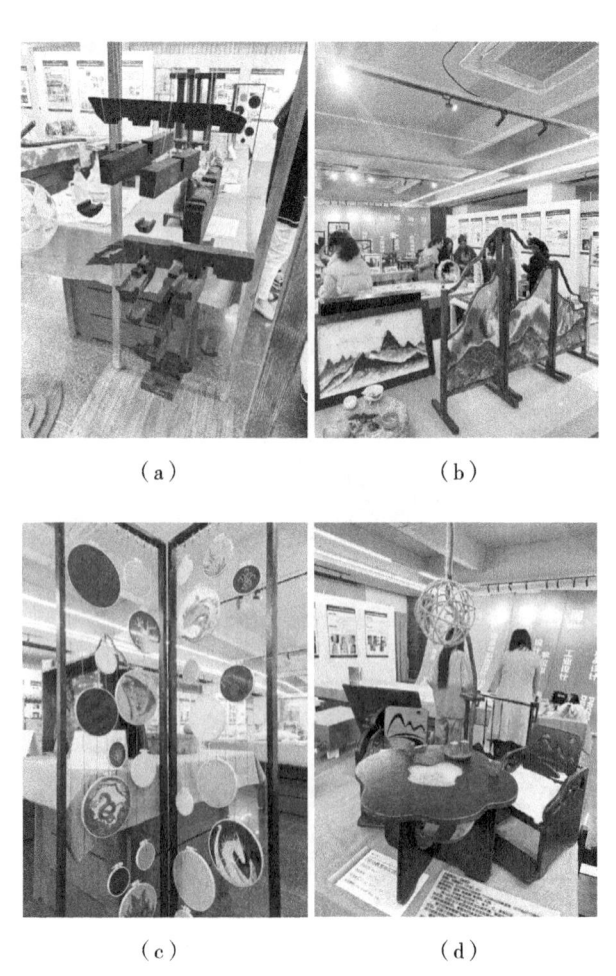

（a）

（b）

（c）

（d）

（e）

图 4.40 学生文化创新作品展示

三、生态系统中的综合实践与探索

近年来，国家把生态文明建设提升至发展战略的高度，并与经济建设、政治建设、文化建设、社会建设共同组成了"五位一体"的总体布局。将生态思想贯穿人才培养全过程和各方面，推动专业转型升级，增强学生生态文化自信，服务国家经济社会发展，皆对当前高校教育提出了新要求，推动劳动育人与生态育人、专业育人同向同行成了现阶段的紧迫任务。基于此，笔者立足大学生发展核心素养指标，紧密结合区域经济文化发展需求，充分发挥设计专业劳动实践的特色优势，系统探索"三育"同向同行的模式机制、教学体系及方法，以回应新挑战、新要求，最终获得了良好的效果。

笔者所在学校十分重视生态教育，依托"绿水青山就是金山银山"理念发源地区位优势，系统推进生态育人工作，设置生态思政名师工作室，开设生态劳动教育实践课，开展绿色校园文化节等系列活动，生态育人品牌建设卓有成效。笔者所在劳动教育团队也承担了美丽乡村与可持续发展研究中心相关项目，取得了劳动教育省一流课程"乡村环境创新与实践"、校课程思政项目"乡村振兴背景下环境设计实践课程思政"等一系列教改成果，以及指导学生创作《山水之间》《讲述农耕故事 传承历史文脉》等多个作品并获省级竞赛金银奖，多个美丽乡村设计项目也成功落地，因此，团队在生态劳动育人方面积累了丰富经验。在本次劳动教学探索中，笔者与来自生物学、环境学、经济学、设计学等不同学科的专业教师组成导师团队，与浙江低碳试点乡镇合作育人，积极响应浙江践行"八八战略"、发挥生态优势、打造绿色浙江、助力"双碳"建设等重大战略决策，以设计劳动赋能乡村振兴。

浙江省丽水市景宁县毛垟乡气候温暖湿润、雨量充沛，适合苔藓生长，该乡与苔藓科技企业合作，建成了浙江省首个户外苔藓种植基地，推进苔藓产业发展，目前已经建成浙闽最大的智能化苔藓育苗基地、苔藓文创产品展示中心。目前，苔藓种植已由最初的陆地栽培升级到水上栽培、林下种植等多种模式，初步形成了集苔藓育苗、种植、文创、绿化工程于一体的苔藓产业链，有关苔藓的文创产品也从最初的盆栽、挂画拓展到苔藓饰品、苔藓茶等品类，推动该乡实现了从集体经济薄弱村到共同富裕村的全方位转型升级，该案例也被纳入《中国全面小康发展报告·浙江样本》。毛垟乡是丽水市爱国主义教育基地之一，拥有丰富的红色文化资源和深厚的红色文化底蕴，已建设有闽东红军景宁馆、叶飞雕像、抗战标语墙、红色书屋、红军路等红色人文景观。该乡还成立了带溪文化研究协会，收集文物、汇编革命故事、拍摄系列红色宣传片等，这些资源在近年来的文旅产业中得到了初步开发，产生的旅游经济效益也进一步改善了乡民的生活条件。

此外，毛垟乡还拥有毛垟舞狮、毛垟木偶戏、毛垟花鼓戏等传统民俗文化资源，通过打造"带溪文化节""迎神庙会"等特色旅游节庆活动，依托红色文化与其他人文资源的整合，将四个村串珠成链，还修缮了森林古道、党建公园、百山祖国家公园毛垟研学驿站等，为提升乡域整体形象和知名度、促进旅游产业可持续发展、建构乡村品牌奠定了较好基础。但整体上看，该乡"红"与"绿"的融合尚不密切，红色旅游与苔藓产业之间缺乏有机协同，而该乡特有的民俗文化资源在品牌建构中也未充分发挥功能，导致品牌建构系统性不足，此外也缺乏标志设计、IP形象设计、VI系统设计、产品包装设计、线下物料设计等，难以让消费者形成完整而深刻的文化印象，"红色毛垟　苔藓小镇"智慧旅游APP等内容体验感较弱，传播渠道也较为单一。

基于上述问题，师生团队围绕建设低碳乡村、实现生态共富、培育乡建人才的目标，促成高校与毛垟乡签订"生态劳动教育基地"与"生态设计与生态共富示范基地"协议，携手探索"以红带绿、以绿托红"的"红绿融合"发展思路，助力"苔藓小镇"品牌建构，探索乡村振兴发展的新模式。在劳动课程中，师生团队赴毛垟乡进行考察调研，参观了苔藓种植、文创基地、红色研学基地等，与当地学校、加工基地、手工坊、研学平台等合作，结合社会、经济和生态环境三者有机融合的可持续发展策略，深入探索文化科技赋能当地产业链建设、打造文化品牌、提升地方风貌的策略（见图4.41）。

图4.41 高校师生团队在乡村开展实地调研

在教师指导下，学生首先系统梳理毛垟乡的特色文化资源，提取文化基因，建立知识谱系，整合低碳产业和文旅产业资源，注重文化特色彰显，以新颖多样的形式来生成文化意象，例如以歌曲、地方木偶戏等改编毛垟故事，以村民讲述革命故事等形式，宣传毛垟乡艰苦创业、自强自立的乡风，使红色文化与毛垟文化紧密融合，同时整合生态资源，策划"红韵文化"（见图4.42）、"绿野童趣"研学活动（见图4.43）。其次，从村落地理环境、村名字形、苔藓轮廓等元素中提炼视觉符号，打造特色文化标识，设计吉祥物IP形象（见图4.44），并通过升级苔藓文创产品包装、优化村内景观与宣传标语等来全方位打造品牌。再次，综合碳中和技术、生态资源材料、环保住宿空间与生活方式、研学体验场景中的文化体验与教育需求等，设计开发传播低碳理念的特色生态旅游产品。例如，运用苔藓永生科技，将形态建构和文化故事进行数字化整理，开发文具（书包、文具盒、笔记本等）、体验DIY产品（苔藓画、苔藓纸、苔藓挂毯等）、首饰、配饰（手机壳、发圈、耳机包）等创意产品（见图4.45），最终与该乡成功联合举办"拥抱自然　用文化滋养乡村"带溪文化节。

图 4.42　学生参与策划"红韵文化"研学活动

（源自："中国畲乡"媒体报道：《毛垟乡举办第十一届带溪文化节暨苔藓小镇IP发布会活动》）

图 4.43　学生参与策划"绿野童趣"研学活动

（源自："中国畲乡"媒体报道：《毛垟乡举办第十一届带溪文化节暨苔藓小镇IP发布会活动》）

图 4.44　师生团队为毛垟乡设计的IP形象

（源自："中国畲乡"媒体报道：《毛垟乡举办第十一届带溪文化节暨苔藓小镇IP发布会活动》）

图 4.45 学生制作的苔藓创意产品

最后，学生不仅进行设计产品创新，还注重运用新场景、新方法、新媒介，开发系列乡村小学劳动课程及低碳研学课程资源、材料包与创意产品，并与当地合作开发适用于场馆体验与网络平台的红色文化与生态文化内容，注重基于特定受众群体讲好当代故事，促进文化品牌深度传播（见图4.46）。上述设计能够促使消费者更好地认同红色文化，增强对生态环境的保护意识和责任感，而乡民在积极参与文化产品的开发、推广和运营过程中，也更好地认同了价值观，更重视对地方文明与生态环境的保护。

从学生的获得感来看，学生通过生态系统中的综合实践，能够深入感知优秀文化的魅力，在助力乡村振兴、服务人民的过程中更好地树立了劳动价值观，掌握了文化创新的科学规律与方法，并在解决实际问题的过程中积累了劳动知识、技能与

图 4.46　带溪文化节宣传片
（源自：浙江科技大学艺术学院品牌形象设计工作室）

经验。通过与乡民及游客的沟通交流以及同学之间的合作，学生也积累了社会经验，这些是书本或者校内课堂所无法给予的。以劳动实践引导学生认识美丽乡村、投身美丽乡村建设，拓宽其想象力与创造力，驱动其创造力，可以真正实现知行合一、劳美互促，并将价值观、文化观、设计观潜移默化地融进学生心中。在国家深入推进乡村振兴战略的时代背景下，乡村也为高校劳动教育提供了丰富的场景。在乡村劳动教育实施过程中，深入探索教学理念和方法革新，校地共建共创劳动育人平台，充分发挥高校的科技和人才优势，加快促进科研成果转化，同时创新乡村振兴人才培养模式，将促使高校劳动育人为乡村振兴做出更大的贡献。

第五章
高校生态劳动教育的国际视野——以奥地利为例

正如前文所述，习近平生态文明思想为高校教育工作高质量发展提供了时代坐标，劳动教育、生态教育与专业教育的同向同行，已成为服务国家发展、推动学科专业建设与社会主义生态文明建设的紧迫任务。1992年，由国家计划委员会和国家科学技术委员会牵头，国务院各部门、机构和社会团体编写了《中国21世纪人口、环境与发展白皮书》，首次把可持续发展战略纳入我国经济社会发展长远规划，为高校生态教育发展提供了新的时代背景。2021年，六部门联合发布了《"美丽中国，我是行动者"提升公民生态文明意识行动计划（2021—2025年）》（以下简称《计划》）。《计划》强调生态文化的引领力、共识构建以及精神支柱功能，着力于推广生态价值的核心理念，进一步明确了高校生态教育的目标，也对之提出了新的要求。

近年来，不少高校在课程建设中开始注重对习近平生态文明思想的传播，关于我国生态文化、历史人文、科技创新等方面的精品课程不断涌现，从不同的维度和视角建构了我国高校生态教育的丰富内涵，促进了大学生对当下生态问题及危机的关注以及对相关学科知识的了解。但是，知识、技术如何转化为解决社会实际生态问题的思维与能力，仍需要学生在广阔的社会空间与多样化的场景中，通过开展生态劳动实践来全面提升生态文化与科技素养。就教育方法而言，我国也需要汲取国际上的成功经验，以科学的育人方法来提升生态劳动教育的实效。

第一节 国外高校生态劳动教育现状与奥地利的教育经验

一、国外高校生态劳动教育的发展现状

生态劳动教育强调在劳动实践中融入生态教育元素，让学生在亲身体验中了解自然、尊重自然、保护自然，一些国外高校因此注重将这种教育视为培养学生的生态文化科技素养与推动社会可持续发展的重要途径，其中奥地利、德国等西方国家的教育探索较为突出。自20世纪60年代西方生态思想兴起，这些国家高校的生态劳动教育发展十分迅速。20世纪八九十年代，联合国世界环境与发展委员会发布了一系列环保文件，显现出全世界对生态危机的关注，西方高校生态劳动教育自此进入一个全新的时代，并呈现较为鲜明的共性特点。

其一，生态教育与专业实践、社会实践紧密结合，呈现出

立体多维的生态劳动育人模式，注重学生的主体能动性，校内外机构、多元主体广泛参与育人过程，为高校提供了良好的育人平台及师资团队。西方高校注重引导学生关注环境问题，培养学生的生态意识和环境保护能力，引导学生积极参与环保行动，同时注重培养学生的创新能力和实践能力，而这个过程始终是与专业教育相结合的。从实际效果看，西方高校生态劳动教育在推动社会可持续发展方面发挥了积极作用，有助于提升整个社会的生态文明水平，并为应对未来环境挑战提供了有力的人才保障。

其二，生态劳动教育的内涵建设与时俱进，从绿色环保逐渐演进为可持续发展教育，教育内容涉及自然保护、垃圾管理、回收利用、气候变迁、绿色建筑、学校及社区空间建设等等，十分丰富，并注重对学生世界观、价值观和情感态度的培养。可持续发展指的是在生态系统承载能力范围内提高人类生活质量，平衡社会、环境、经济目标和效益的发展。随着全球环境问题日益严重，可持续发展已成为人类社会的共同追求，倡导经济、社会、环境的协调发展、追求人与自然的和谐共生的理念为越来越多的国家所重视。在此背景下，一些西方高校注重以可持续发展理念来促进生态劳动教育发展，这些高校不仅将可持续发展引入学术活动之中，以确保其成为贯穿整个大学系统的"金线"[1]，同时注重加强生态劳动教育的实施和改进措施，以培养更多具有生态意识和可持续发展能力的人才，为

---

[1] 田琳：《世界一流大学服务全球可持续发展：内涵、路径与国际比较》，《比较教育研究》2024年第1期，第68页。

社会的可持续发展提供有力支持。可持续发展视野下的生态劳动教育具有重要意义，随着人们对环境问题认识的不断加深，生态劳动教育也将在全球范围内得到更广泛的推广和应用，为构建人类命运共同体做出积极贡献。

其三，随着跨学科生态活动与研究兴盛，注重学生全面生态素养的提升，大量有关生态科学研究及育人方式方法的论著成果出现。这些先进的育人经验对我国高校生态劳动教育而言极具借鉴价值，基于此，笔者曾主持浙江省高校重大人文社科攻关项目"德国生态教育提升路径研究及其对浙江省的启示"与浙江省社科联重点课题"德国环保教育手册"等，并出版《面向未来的德国生态教育》（2024）、《德国的环境教育：理论与实践》（2019）等著作，以期为我国生态劳动教育提供更广阔的视域和可以借鉴的经验。

二、奥地利的高校生态劳动教育

奥地利的高校生态劳动教育具有较为悠久的历史传统，也积累了丰富的教育经验，在西方高校中极具代表性，因此笔者重点对其教育现状及方法进行介绍。奥地利致力于在国内和全世界实施联合国《2030年可持续发展议程》及其17个可持续发展目标，因此，可持续发展教育在奥地利受到广泛关注和推行。奥地利的生态劳动教育是可持续发展教育的一部分，具有学科性、创新性和多样性。

从学科性来看，奥地利的高校生态劳动教育融合了生态学、地理、科学等多个学科的知识，形成了一个跨学科的教育框架。通过可持续发展方面的课程设置和教学安排，学生不仅能够掌握相关生态知识，还能够逐步学会思考解决生态问题的办法。学科性的教育特点使奥地利的高校生态劳动教育具有很强的专业性和针对性。

从创新性来看，奥地利的高校生态劳动教育体现出科学的教育理念，强调知识劳动与技能劳动相结合，注重创新思维和实践能力的培养，鼓励学生通过实际操作与亲身体验来探索和解决问题。在教学方法上，奥地利生态劳动教育注重运用现代信息技术手段，如在线课程、项目学习等，以保持学生兴趣和提升教学效果。此外，奥地利还积极开展国际交流与合作，吸纳先进的教育理念。

从多样性来看，奥地利的高校生态劳动教育形式十分丰富，包括课堂教学、课外实践、社区服务等多种形式。在教育内容上，涵盖了从基础理论到实践技能多个层面。在教育资源上，则充分利用了各类社会资源，如自然保护区、环保组织等，为学生提供了丰富的学习和实践机会。

综上所述，奥地利的高校生态劳动教育已形成较为完善的模式，具备系统的方法。从实际效果看，奥地利的高校生态劳动教育很好地激发了学生的主体能动性，提升了学生的综合素质和创新能力。

第二节　奥地利可持续发展奖

一、奥地利可持续发展奖的背景

自2015年以来，奥地利的可持续发展战略计划在诸多领域都得到了全面落实。联邦政府部长理事会于2016年通过决议，授权所有联邦部委将可持续发展目标纳入相关战略和计划、制定相应的行动计划并采取措施。在此基础上，奥地利颁布实施《2030年可持续发展议程》，由联邦各部委在各自的职责范围内实施，以确保可持续发展目标被有效地纳入奥地利各级政治和行政管理的所有活动之中。其中，奥地利的大学和高等教育机构也以各种方式积极促进可持续发展目标的实施。

综合性大学和应用科学大学作为奥地利教育、培训和创新的核心机构，在落实《2030年议程》和可持续发展目标方面发挥着关键作用。奥地利"可持续发展奖"评选活动充分反映了奥地利高校对该议程的积极响应和有效落实，也展现出高校生态劳动教育的全貌。基于此，笔者在本节中对此奖项进行全面介绍，以期梳理其在教育内容、模式、方法上的探索创新，为我国高校的生态劳动教育提供参考。

奥地利"可持续发展奖"评选活动由奥地利联邦教育、科学和研究部与联邦创新技术部联合发起和授奖。奖项评选由环境教育论坛组织，该论坛是奥地利可持续发展教育的重要平台。"可持续发展奖"评选活动始于2008年，每两年评选一次。2022年"可持续发展奖"共7个模块，每个模块各有3个获奖高校或 3 个高校集群,同时有部分优秀项目获得可持续发展奖提名,下面对较具有代表性的获奖及提名奖项目进行介绍。

二、奥地利可持续发展奖奖项[①]

1. 教育和课程模块

(1) 项目主题: 理解气候变化

获奖高校: 维也纳教育学院

面向群体: 教师、教育部门专家、社会机构、环保组织专家

维也纳教育学院不仅负责培训教师,还负责教师的终身职业发展,这是与培训同样重要的领域。该项目具体内容为"可持续发展目标的 100 个培训小时",其目的是提升教师在可持续发展目标方面的教学水平,制定有关可持续发展目标的高级培训计划,并在内容上针对特定的重点专题明确不同的可持续发展目标的内涵,培训总规模为 500—1000 名教师。该项目通过培训资料、网络社交媒体等得以宣传,强调跨学科和实践性,来自高校、社会的环境与教育领域的专家广泛参与,内容涉及教育科学与特定学科领域。项目注重培训对象的广泛性,不要求教师参加长达数年的培训课程,而是可以在短时间内接受培训,在教育环境中激发教师对可持续发展目标的兴趣,因此使许多教师受益,并有助于进一步将可持续发展目标纳入学校系统。

项目于 2020 年 10 月启动,首批活动于 2021 年 9 月开始,

[①] Bundesministerium für Klimaschutz, "Umwelt, Energie, Mobilität, Innovation und Technologie & Bundesministerium für Bildung, Wissenschaft und Forschung. Sustainability Award 2022", https://www.umweltbildung.at/shop/sustainability-award-alle-broschueren/, accessed January 17, 2023.

项目原计划实施一年，后又延长了一年。2021/2022年冬季学期的活动主题是"以参与的方式塑造未来"，2022年夏季学期的活动主题是"了解气候变化的背景"，2022/2023年冬季学期的活动主题是"专业教学对可持续发展目标的贡献"。在项目实施过程中，专家解释了以项目为导向的教学如何面对当前生态危机带来的挑战；教师则采用苏格拉底法探讨了可持续发展的世界图景，将学校视为活动空间，探索将生态理念有机融入高校育人体系的方法与创新路径；可持续管理专家向教师讲授替代性这一经济概念；来自维也纳环境咨询处的专家们与教师一起探讨自然保护与社会可持续发展的各个层面，提出了诸多具有启发性的建议。

（2）项目主题：环境工程教育

获奖高校：维也纳工业大学

面向群体：所有对技术和科学、跨学科教育感兴趣的人，承担社会责任的人，比如公共机构、企业、社会组织、研究机构、媒体以及感兴趣的公众

环境领域的生态问题与日俱增，从人、环境和技术的角度认识、分析和可持续地解决复杂生态问题的专业人才培养显得十分紧迫。因此，由维也纳工业大学各学科讲师和学生组成的团队联手开发了跨学科环境工程学位课程。该课程在2019/2020年冬季学期推出，在2021/2022年冬季学期开展环境工程硕士招生，每年约有200名学生学习本科课程，硕士课程的入学申请超过30份。本科课程涉及数学、化学、生物学、生态学、力学、地质学、土壤学、工艺工程、地理信息以及编

程和建模等领域的综合基础知识，硕士课程则深化了大地测量和地理信息、风险评估、工程水文学、资源管理等领域的技能，系统建构了理论与实践结合、专业育人与生态育人协同的课程内容体系，并致力于落实到实践中。

（3）项目主题：聚焦可持续建筑材料和社会责任的创新学习

获奖高校：林茨艺术与工业设计大学

面向群体：关注社会和可持续建筑的年轻人、硕士课程针对拥有学士学位的建筑专业学生及相关专业的国际毕业生

为了满足国家及全球对可持续建筑领域人才日益增长的需求，林茨艺术与工业设计大学推出了两个新的学位课程，并计划在奥地利开展以可持续建筑为主题的宣传推广活动。2018年10月，林茨艺术与工业设计大学推出了建筑学硕士课程；2020年2月，林茨艺术与工业设计大学推出了国际研究生课程。这两门课程将理论内容与具体设计实际相结合，并与国际合作组织共同实施。学生知行结合，亲身参与从项目开发到实施的所有步骤，显现出生态劳动育人的科学规律。

十余年来，该项目一直专注于可持续建筑和空间发展，目标是为新一代建筑师制定规划和项目原则，并在高校教育中进行推广。其中，气候变化是项目关注的重点，气候变化使人类生存面临巨大挑战，而建筑活动和建筑存量占全球能源需求和二氧化碳排放量的三分之一以上，因此对气候生态变化有重大影响。建筑、建材和技术对世界的未来起着决定性的作用，因此该项目运用黏土和竹子等可持续建筑材料，在这一领域开展了开创性的工作。

2.研究模块

（1）项目主题：电子废物和废水中的稀土元素可持续生物循环利用

获奖高校：卡尔－兰德斯坦纳私立健康科学大学、克雷姆斯应用科学大学

面向群体：废物利用和回收公司、高校师生、研究团体和普通公众

稀土是制造手机、电脑和节能灯泡等电子产品的重要元素，数量很少，随着日常生活中电子设备的日益增多，人类对稀土的需求量也越来越大，但稀土的供应有限，且没有较为环保的回收方法，稀土的提取过程复杂且费用昂贵，也导致稀土的价格不断上涨。因此，卡尔－兰德斯坦纳私立健康科学大学、克雷姆斯应用科学大学与合作伙伴克雷姆斯继续教育大学、地区工业界共同开发一种环境友好型、可持续的稀土（或稀土元素）回收技术，以期达成从电子废物中回收稀土的目的，并将这项技术用于科学研究和工业应用。

上述高校与业界共同研发了环保、可持续的技术：将废品回收公司提供的电子废品溶解在酸中，然后加入各种微生物并进行发酵（见图5.1）。研究表明，通过找到适合吸收和分离稀土的生物，便能够从溶液中获得稀土。项目尝试利用细菌、真菌等能在恶劣条件下生存的生物来回收，还开发了联合培养技术，即在生物反应器中培养一种以上的生物，利用这些微生物之间的共生关系来实现环保回收，如促进细菌与光自养型的蓝藻组合，以减少此前其他方式所额外需要的糖分等养分。

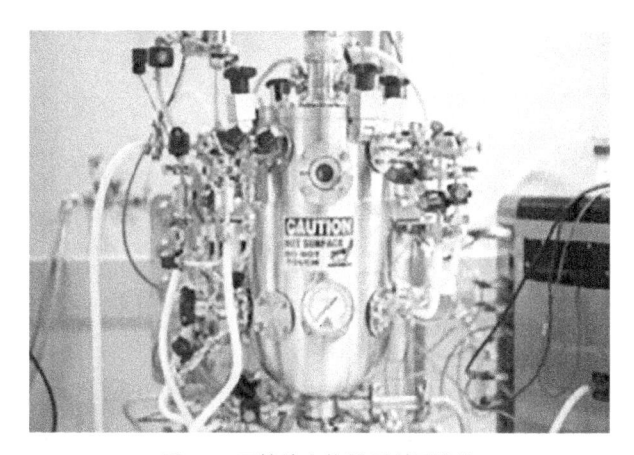

图 5.1 可持续生物循环利用设施

（源自：Umweltbildung 奥地利环境教育网）

为了实现新型环保技术迅速普及的愿景，高校与业界开展密切的战略合作，建构了良好的生态劳动育人平台，以确保所有技术不会仅限于科学实验，并在合作伊始就明确将研究成果定位在产业的大规模应用方面，为社会带来经济效益与生态效益的共赢。

（2）项目主题：通过在废水中培养蓝藻生产生物降解聚合物

获奖高校：韦尔斯应用科学大学、维也纳工业大学、艾尔科泰中心

面向群体：研究人员、学生、企业

该跨国项目旨在开发一种生态创新技术，以可持续方式生产可用于包装的生物塑料。通过技术创新，蓝藻（也称微藻）能够利用环境中的二氧化碳（CO_2）和（乳制品）废水作为营养源，生产聚羟丁酸（PHB），进而被加工成为生物塑料。参

与项目的三个合作伙伴根据各自的能力进行了分工：韦尔斯应用科学大学的研究小组负责在初期阶段的研究与生产中改良蓝藻培养物；维也纳工业大学侧重于上游和下游工艺，重点研究蓝藻在废水中的生长过程以及随后的PHB净化过程；位于特里波恩的捷克艾尔科泰中心专门从事各种蓝藻和藻类的培养工作，因此主要负责进行中等规模的试验。校际合作与校企合作有力保障了生态劳动实践的开展，大量室内和室外栽培区可确保较高的生物塑料产量，并且，高校与提供废水的公司合作，推广了项目所取得的成果，为社会带来了良好的生态效益。高校还举办研讨会，在专业期刊和大众杂志上发表文章，以普及相关技术，倡导社会关注生态环保。

3.结构锚定模块

（1）项目主题：从分子到气候——基于可持续发展目标的分子生物学基础研究

获奖高校：维也纳医科大学、维也纳大学、维也纳马克斯－佩鲁茨实验室

面向群体：维也纳马克斯－佩鲁茨实验室的工作人员，研究小组带头人，维也纳医科大学、维也纳大学和维也纳马克斯－佩鲁茨实验室的管理者，大学生

多年来，人类活动尤其资源的消耗，导致了气候变化和生物多样性被破坏。基于此，马克斯－佩鲁茨实验室提出了"Climate@MaxPerutz"这一气候倡议，旨在倡导研究人员、学生和员工积极致力于可持续研究。马克斯－佩鲁茨实验室是维

也纳大学和维也纳医科大学的合作机构，位于维也纳生物中心校园内，实验室的公共活动覆盖整个校园（2500名员工和5000名学生）与40家生物技术公司。该倡议制定了三个主要项目，将可持续性发展理念融入研究、教学、实验室和设施管理中，以促进师生树立生态保护意识并采取积极行动，为生态育人营造了良好的校园氛围。

项目一：制定有效战略，记录资源消耗减少的生态足迹。到目前为止，项目已经能够收集有关供暖能源和水资源的消耗数据，并确定人均消耗量，进而针对性地提出可持续优化的建议。例如，项目组在采集数据后发现，科研机构产生的二氧化碳排放量高达60%，因而需制定科研试剂的能源平衡表来降低二氧化碳排放量。

项目二：树立可持续发展的理念和最佳实践范例。该项目组织成员参加了可持续发展咨询委员会和中心会议以及各类国内国际研讨会，并向师生群体介绍项目的研究成果，倡导合理的实践措施，宣传可持续发展的理念。该项目活动包括：定期召开倡议会议，为学生开设可持续发展课程，定期为博士举办气候咖啡馆，举办一系列主题研讨会、全校范围的演讲，发布新闻通讯，等等。项目成员还参与了倡导减少消费的LEAF计划。

项目三：设计可持续发展的生态劳动教育内容，例如举办自行车维修活动，积极、可持续地减少生态足迹。此外，还提出了许多生态保护措施，例如，提倡骑自行车、将实验室塑料器皿换成玻璃器皿（如反应容器、移液器）、回收不同类型的塑料、更经济地操作实验设备（例如将冷冻机的温度从$-80\,^{\circ}\!\mathrm{C}$调至$-70\,^{\circ}\!\mathrm{C}$）。

项目组坚信，这些措施将有助于师生可持续地减少分子生物学研究的生态足迹。项目组呼吁在维也纳生物中心园区的各个实验室实施这些措施，将研究成果转化为切实有效的解决方案。该项目更重要的价值在于，通过学生自觉参与改进工作学习环境的知识劳动、实践劳动，很好地促进了学生对生态理念的认知与认同，同时通过紧密联系生活实际的教育场景，促进了学生对生态理念的内化，也提升了学生的洞察力和创新思维。

（2）项目主题：全面实施的可持续发展教育

获奖高校：维也纳职业促进高等专业学院

面向群体：校友、监管机构、教师、学生、企业

项目目标是不断扩大可持续发展理念的传播，倡导师生以负责任的方式为塑造未来做出贡献，并促使高校以最佳的方式培养学生，使学生能够以最佳的方式应对全球生态挑战。项目在高校管理、教学、研究和活动方面确定了一些措施，以确保教职员工和学生积极参与其中。例如，倡导"可持续管理和社会责任"，加强有关性别和生态文化多样性的教学和研究活动，组织参加跨学科系列讲座"未来讲座"，开设有关气候危机、环境和社会文化领域的相关讲座，在国际硕士周上设置可持续发展主题等；在采购中推广LED照明和有机咖啡及公平贸易咖啡等；长期设立"绿色交通"补助金，作为学生海外学期旅行的一部分，为他们提供具有气候意识的旅行，以丰富多元

的场景空间来建构学生的生态审美经验,促使其形成深层的情感认同。这些活动与措施构成了全方位育人体系,很好地激发了主体能动性。

(3)项目主题:可持续发展语境下的大学——认识并形成影响

获奖高校:维也纳经济大学

面向群体:维也纳经济大学管理者和师生、其他大学、认证机构、政策制定者

该项目拓展了高校教学及科研绩效评估的视角,强调应优先考虑其对可持续发展的影响力,旨在发挥高校在社会、政治、经济和环境等生态领域中的研究及育人功能,并扩大其教育研究成果的社会影响力。项目在大量案例研究的基础上,对选定的教学活动及研究案例的社会影响进行了分析,并撰写出版了分析结果——《影响地图》。《影响地图》以30个案例来说明维也纳经济大学和毕业生对可持续发展目标的达成做出的贡献,并针对可持续研究和教学活动进行了分析,包括对生态劳动教育的探索,提供了高校教学科研促进可持续发展目标实现的机制与路径。该项目成果被纳入世界大学校长会议报告中,影响得以进一步扩大。

4.学生倡议模块

项目主题:混合移动和数字教育与咨询环境

获奖高校:维也纳农业与环境教育学院

面向群体:教师、教育咨询者、成人教育工作者、学生、农村和城市地区的参与者

农业与环境教育学院的学生开发了移动混合数字环境，可服务于多个教育场景，比如田间、谷仓、车间和工作室。通过Zoom App和智能手机，师生与咨询人员甚至可以从山间牧场直接进入在线会议室，使教育方式变得灵活、快捷、不受地点限制。例如，教师、专家在奶牛场开展了线上动物健康课程及咨询服务，开设了牛蹄护理、草坪修剪等劳动课程；通过数字化课堂开设了坦桑尼亚制鞋之旅、电锯维护和烹饪等劳动课程。混合移动数字环境实现了劳动教育的形式创新，为学生提供了虚拟仿真体验内容，通过多元教学主体、社会人员的参与、互动和共同创造，为学生提供了更真实、全面的知识，有助于建构学生完整的生产生活经验，提升其解决实际问题的能力。此外，该项目为农村和城市地区提供的教育咨询服务，也有助于促进教育的民主化，促进社会生态环境的优化。

5.管理与组织模块

项目主题：绿色办公室——可持续发展学生办公室

获奖高校：因斯布鲁克大学

面向群体：因斯布鲁克大学的学生和员工、其他的利益相关者

该项目旨在促使学生树立生态文明理念，并让学生形成持久的生态劳动实践内驱力。为了让学生发挥主体作用，积极参与到因斯布鲁克大学的可持续发展进程中来，因斯布鲁克大学于2021年5月成立了由学生领导的绿色办公室，同时让众多利益相关者参与其中，建构了紧密联系生产生活实际的实践平台。

绿色办公室的概念最初来自荷兰，但随着绿色运动的推广，也开始在国际范围内传播。各高校绿色办公室的职能有着不同之处，可以根据各大学的具体情况进行调整，但它们的共同点是与学生建立合作，充分体现了以学生为主导的育人模式。因斯布鲁克大学绿色办公室是奥地利首个由学生倡议成立的绿色办公室，它获得了"奥地利全国学生联合会"这一学生代表机构以及因斯布鲁克大学校长办公室批准，也获得了开展绿色活动的办公场所和基础设施，以及由环境经济学基金提供的每年40000欧元的支持。该校绿色办公室人员由4名学生组成，每个学生以助理身份每周受雇8小时，以管理绿色办公室、协调各种项目的规划实施和组织学生志愿者开展劳动服务，此外还包括调研学生对校园生态可持续发展的想法，参与因斯布鲁克大学的可持续发展战略并提出各种建议，收集因斯布鲁克的城市规划信息，举办论坛或电影放映等活动。学生通过参加相关工作组，还可能成为因斯布鲁克大学可持续发展咨询委员会成员，能够与学校管理者深入交流，这对于高校的育人模式革新来说特别有价值。

6.交流与决议模块

项目主题：针对社会挑战的跨学科知识交流与合作

获奖高校：维也纳应用艺术大学、维也纳工业大学、维也纳自然资源与生命科学大学、维也纳音乐与表演艺术大学、维也纳表演艺术大学、维也纳兽医大学、维也纳高等专科学院

面向群体：维也纳所有大学的研究人员、来自重点领域的从业人员和非政府组织/非营利组织的从业人员、与重点专题

领域相关的经济界代表和初创企业代表

该项目是维也纳和下奥地利州7所大学与8个外部合作伙伴之间的跨学科合作项目，由维也纳应用艺术大学和维也纳大学负责管理。项目积极促进科学、商业和社会之间的交流，将高校研究成果和专业知识转化为实践，培养学生创新创业的能力，促使高校教学科研紧密对接企业，解决可持续发展问题。项目重点关注健康与护理、数字化转型、城市生活空间、教育与气候、城市住房、教育与气候等当下生态问题，通过建立跨学科教育模式，促进学生复合创新型素养的形成。项目内容主要包含以下三个部分，皆体现了学生参与和跨学科特点，三个部分相互依存，环环相扣。

（1）跨学科网络沙龙：在这类活动中，来自不同背景的研究人员可以就某一主题进行跨学科交流，直至形成新的项目构想。这些研究沙龙意在将各学科的研究人员集结起来，邀请来自企业和社会的合作伙伴，并与相关协会、组织、管理部门人员建立联系，从而为生态劳动教育提供多元主体及广阔空间。

（2）方法论培训：这类活动旨在通过建立科学研究和劳动实践之间的协同机制、开放的校企地合作研究及育人机制，更好地解决社会生态问题。项目利用开放式科研、开放式创新以及跨学科合作的方法，向高校学生以及社会公众推广新型研究工具和方法，有意识地将公众认识度和关注度较高的社会问题融入项目中，以促进全社会生态保护意识及公众生态文化科学素养的提升，这也是对高等教育服务社会经济文化发展的一次极具意义的探索。

（3）知识交流：这类活动充分利用网络空间开展知识教育与劳动实践，重点是以劳动实践来促进研究成果转化，促进教育场景中主体间的交流和协作，不仅充分实现了研究成果的社会价值，还为网络时代的劳动育人提供了成功经验。来自不同学科的学生和青年科学家参与其中。该项目也致力于促使青年科学家了解以实践为导向的知识交流的重要性。

7.地方合作模块

（1）项目主题：更多的绿色学校

获奖高校：维也纳工业大学

面向群体：奥地利所有学校、学校部门的所有利益相关者、研究机构、奥地利境内外的所有学生

在奥地利全国范围内，绿色基础设施的积极作用已得到证实，但仍缺乏在全国范围内的深度实施，缺乏资金和明确的实施方案，也缺乏相关责任方的参与。因此，该项目旨在积极向大学生介绍可持续发展、资源和能源效率、生活质量和建筑绿化等内容，并让他们参与建筑环境设计，以促进奥地利气候保护与社会可持续发展，同时为高校创造高质量的室内学习环境。通过学生亲自参与设计劳动，打造自身的学习环境，教师充分发掘了学生的主体价值，很好地提升了学生的生态保护意识与创新思维素养。作为在学校实施绿化措施的先驱典范，该项目还被德国等国家向公众介绍推广。

项目的重点是促使学生认知资源和能源效率，理解可持续性在"未来建筑"发展中的作用，围绕如何降低系统的生命周期成本，对学生进行可持续的跨学科培训。基于此，项目活动

针对不同类型、不同地区的高校，整合决策、设计、施工等相关主体，指导学生搜集文献、整理记录数据，寻找最佳解决方案，开发新的低成本绿化方案（见图5.2），从而让学生系统掌握关于能源效率、环境与气候保护和可再生能源生产的知识技能，在思考和解决社会实际问题的劳动过程中能够积累大量经验，也能够更加深刻地理解和认同生态保护观念。

图5.2 建筑绿化方案

（源自：Umweltbildung奥地利环境教育网）

（2）项目主题：推动可持续发展的学校联盟

获奖高校：布尔根兰应用科技大学、BFI应用科技大学、克雷姆斯应用科学大学、圣珀尔滕应用科学大学、上奥地利应用科学大学、库夫斯坦蒂罗尔应用科学大学、MCI管理因斯布鲁克中心、克恩顿州应用科学大学、维也纳应用科学大学

面向群体：教学和研究人员、学生、合作伙伴、内部组织单位、高校管理层、国内外潜在的合作伙伴

2021年10月，9所奥地利大学共同成立了"可持续高等教育院校联盟"协会，他们通过这一行动积极地为实现联合国

可持续发展目标做出贡献。项目内容涉及教学、研究、高校管理和地方合作等多个领域，旨在引导学生、教职工和其他利益相关者增强可持续发展的观念意识。他们的核心工作包括建构师生的实践能力素养、相互交流与协同合作机制，积极促进相关主体形成长期合作伙伴关系，并在联盟内部共享研究成果与育人经验。

联盟不仅提升了奥地利高等教育的知名度，加强了高校与企业、社会组织和机构之间的协作，还积极促成了奥地利高校与其他国家的国际合作。各合作方在项目规划实施、育人方法改进措施及实际效果等方面相互交流、彼此支持、共同发展，开发了新的教育项目和研究项目，共同建构了生态教学数字平台与良好的劳动实践环境。

（3）项目主题："负责任消费和生产"欧洲大学联盟

获奖高校：奥地利莱奥本大学、奥地利矿业技术学院、波兰西里西亚科技大学、西班牙莱昂大学、德国米特韦达应用科学大学、希腊克里特岛理工大学、罗马尼亚彼得罗萨尼大学

面向群体：高校师生、研究和创新机构人员、未来企业家、公众

该联盟由7所大学（4所技术大学、2所综合性大学和1所应用科学大学）组成，致力于以网络实现无界限、包容性的教育，同时在教育中建构经济、生态、技术和社会价值有机融合的维度，这为生态劳动教育提供了重要经验。在这个项目中，联盟以跨学科方法来开展可持续发展教学科研活动，重点以生命周期思维方法来促进全球循环经济发展。

为了确保对高校学生、研究机构人员、企业人员及公众等不同教育背景的对象进行高质量的培训或继续教育，联盟采取了促进学习的社会维度、终身学习和平等、卓越教育等措施，这一系统方法能确保联盟高校的学生充分理解生态危机与挑战的复杂性并进行跨学科探索实践。联盟为此还开设了跨学科领域的劳动技能课程、生态文化课程以及语言课程，以充分扩展学生对欧洲生态文化多样性的认识，促使其能够全面、深刻地把握欧洲自然与社会生态面貌以及存在的问题。在项目的前3年中，联盟推出了共同的本科、硕士及博士学位课程，其中包括为本科、硕士和博士生共同开设的"欧洲负责任消费与生产研究"等课程，以实现内容的衔接性和持续性。整体上，项目十分注重高度灵活的课程模块选择、新的教学方法和基于项目的学习导向等，充分实现了以学生为中心的教育模式和跨学科教育方法，拓展了学生自主探究的空间，这为解决当下生态劳动教育面临的学科局限、师资平台缺乏等问题提供了成功经验。

联盟还通过举办一系列夏季学校讲座来促成国际交流及跨学科教育，在对研究人员的培训方面同样注重国际性和跨学科性，遵循2020年启动的"新欧洲研究区域"理念，注重增强研究人员的流动性和知识的自由流动，并始终确保研究内容与现实生态问题紧密契合。例如，其在2021年举办的第一届联盟夏季学校"数字化高等教育中的负责任消费与生产"以及在2021年冬季学期举办的"行星界限"系列讲座等，都充分显示了其在生态研究领域的前瞻性与创新性。在跨学科方面，联盟制定了一份"科学框架宪章",规定了校际合作的流程,并对所有合作伙伴的相关出版物和教科研项目进行梳理与组织,旨在针对薄弱环节以及可能的研究空白点来策划课程内容,建构科学的知识谱系与完备的课程体系。这一方式显然大大提升了高校协同解决全球生态问题的能力与培养生态文化科技人才的水平。

（4）项目主题：学校花园

获奖高校：福拉尔贝格教育学院

面向群体：各级公立和非公立教育机构的教育工作者、大学师生

该项目由3个机构——魏因加滕教育学院、杰尔·塞切尼大学、福拉尔贝格教育学院发起,到2021年已发展成为一个由来自9个欧洲国家的17个合作伙伴组成的网络。学校花园旨在为青少年提供宝贵的学习和体验场所,加深其对生态系统的理解以及培养团队合作实践的能力,使之具备适应全球生态危机挑战的科学文化素养及解决实际问题的能力,并能够作为行动者自主、持久地为建设可持续社会做出贡献。欧洲的许多国家曾出现地方性或区域性的学校花园倡议,但这些主体缺少针对学校花园的经验和成果交流,对师资缺乏相应的培训,许多教育工作者并不了解学校花园在生态劳动教育中的重要价值以及广泛的可能性。因此,该项目的目标是聚集欧洲各地的学校花园项目并形成网络组织,以促进高校间的国际合作交流和建构紧密的学校花园伙伴关系。具体方法包括以各种欧洲语言以及数字化形式来提供花园工作教育材料,展示学校花园优秀

实践案例，开发相应的课程体系等。

三、奥地利可持续发展奖提名项目

1.可持续发展领域

（1）项目主题：可持续发展培训

提名高校：上奥地利学院

该项目主要针对可持续财务和会计领域的专业人才培养，以服务企业所需要的气候危机和可持续性报告。这一领域的培训和进修资源匮乏，导致奥地利的企业面临着严重的人才短缺。因此，该项目积极组织学生调研企业的实际需求，促使学生掌握传统的可持续性主题方面的数据调研方法，如生物多样性或与气候相关的度量数据，同时还教授可持续的绿色融资和投资等内容，注重理论与实践紧密结合。课程使用现代化的教学工具，开展大量实践讲座，并要求学生完成实际项目。

（2）项目主题：可持续发展周

提名高校：库夫斯泰因应用科学大学

库夫斯泰因应用科技大学的"可持续发展周"项目充分发挥学生的主体角色：来自不同学科专业的学生们共同设计活动内容，包括举办相关科学和实践内容的演讲、互动研讨会，共同开展劳动实践。学生们制定的主题包含建筑、食品、交通以及日常生活和消费等领域的生态问题，由不同学科专业组成的团队不仅在活动中展现了跨学科研究成果，还促使生态内容在各专业课程中得到渗透和拓展，进而促进了高校生态劳动教育的系统建构。该项目还面向公众、社区举办，提供了一个关于可持续性议题的合作和倡议平台。

（3）项目主题：高校与地区的协同育人

提名高校：克拉根福特阿尔卑斯－亚德里亚大学、克恩顿州应用科学大学

该项目旨在搭建高校与"可持续发展模型区域"生活现实之间的桥梁，为生态劳动教育提供真实的、广阔的空间。模型区域定位在由联合国教科文组织认可的模型和未来区域——克恩顿诺克山脉生物圈保护区，该区域致力于建构融生态研究、教育、保护和发展任务于一体的系统。该生物圈保护区与克拉根福特阿尔卑斯－亚德里亚大学和克恩顿州应用科学大学合作，为学生提供实践项目及毕业论文选题，同时让他们直接了解与可持续发展相关的研究重点。此外，通过研究交流平台，学生们有机会在可持续性专家的支持下制定自己的主题或研究问题，这些方式有效地促进了学生的成长，提升了学生的实践能力，也在满足学生个体学习需求方面做出了积极探索。

（4）项目主题："教学蜂场"——结合蜜蜂的可持续发展教育

提名高校：维也纳应用科学大学

在维也纳大学的"教学蜂场"项目中，蜜蜂成为高校生态劳动育人的"嗡嗡作响的同事"。该项目的核心是基于劳动实践真实场景，促进教育教学方法革新，并对教师进行培训。项目向不同类型的学校开放。在"教学蜂场"，教师与学生共同进行探究学习，亲近自然的体验和完整的实践经验，激发了师生对可持续问题的兴趣，促使他们为城市中生物多样性的保护

做出贡献。

（5）项目主题：如何实现可持续发展目标——博客

提名高校：因斯布鲁克大学

在高校生态劳动教育中，如何运用网络开展教学成为新的发展趋向。"How to SDG!"博客以学生为对象，旨在让可持续发展目标变得更加具体和易于理解。该博客以激动人心且紧凑的方式为所有人设计可持续发展主题内容，促进生态理念的传播。项目团队关注网络社区中的真实对话，并从中提取出具有反思性和批判性的问题。博客中的受访者则包括决策者、科学家、企业负责人或公众人物，他们分享了自己的专业知识和愿景，这些主体能够为高校教育提供多样化的资源并参与到合作项目中，由此极大地拓展了高校教育的场域空间与边界。此外，博客还创建了一个主页和照片墙（Instagram）账号@howtosdg，用于展示可持续发展视频以及相关的主题内容，分享与可持续发展相关的行动、项目、活动和其他信息，为学生自主探究和拓展学习提供了良好平台。

（6）项目主题：课程"可持续性的内在维度：价值观、情感和世界观"

提名高校：维也纳自然资源和生命科学大学

在生态劳动教育中，如何建构学生的生态价值观、情感和世界观显得十分重要，这构成了教育的内在维度。生活在生态社会环境中的人，唯有在人际关系、心理、文化和情感方面获得与可持续发展相关的全面经验，才能产生实践的内驱力，形成持久的审美心理。因此，维也纳自然资源和生命科学大学在

2021年夏季学期开设了这门课程,其目的是推行一种变革性的学习过程,通过引导学生反思他们深层的价值观、情感和世界观,以找到改变其外在行为的新的切入点。课程主题包括价值观冲突、正确的价值观、人与自然的关系、处理世界生态危机及面对未来的恐惧、赋予生活意义以及个人在世界中的贡献等。课程对学生的上述体验进行科学评估,结果表明,深入的自我探索有效促进了学生建构内在价值观、对他人的同理心以及与自然之间的联系,并有助于其对可持续发展目标的清晰理解,最终树立开发和实现自我效能的信念,积极投身实践,为人类社会可持续发展目标的实现提供重要力量。

(7)项目主题:可持续发展课程建设——以"数字市政环境管理"为例

提名高校:克雷姆斯应用科学大学

克雷姆斯应用科学大学致力于探索创新高校可持续教育方案,为学生的自主探究及全面的实践素养提供支持。项目立足于探索新型的高质量教育方式,推广包容的、平等的和终身性的学习模式,课程于2022年秋季开班。在课程建设中,教育者让学生基于自身对生态问题的切身感受及其生活受到的影响,参与到可持续的教育方案"定制"之中,同时与来自社会的其他利益相关主体共同探讨教育方案的目标和内容。课程内容重点围绕生态劳动实践和相关研究展开,为此也创建了跨学科的教学方法。

（8）项目主题：学习模块"可持续发展目标——发展合作的第一手资料"

提名高校：格拉茨医科大学

该项目作为格拉茨医科大学近年来的课堂教学内容扩展，主要通过讲座、工作坊或访谈的形式，促使学生们将理论知识和实践技能融为一体，增强其生态文化观念与协作能力，提升劳动综合素养。学习模块还注重融合区域实际与国际视野，关注社会文化差异，系统介绍社会生态焦点问题，并积极促成国际合作项目的实施。学生通过参与设计海报、拍摄关于可持续性发展国际合作的短片等劳动实践，不仅深化了对医学专业知识的了解，也培养了以专业知识技能服务生态保护的实践能力。该项目还为学生建立了促成合作的网络平台，提供来自其他国家的合作信息，促成志同道合的学生建立长期友谊，共同开展探究与实践，由此充分激发了学生的主体能动性和研究兴趣，也很好地锻炼了学生的团队合作能力。

（9）项目主题：可持续发展理念下的衬衫设计制作

提名高校：萨尔茨堡应用科学大学库赫尔校区

2021年夏季学期，来自萨尔茨堡应用科学大学库赫尔校区设计与产品管理专业的40名学生设计了反映可持续理念的衬衫，以倡导反种族主义和反性别歧视等生态观念。这是一次将生态教育与专业教育深度融合的劳动实践，同时培养了学生的创新创业精神。学生的设计作品不仅视觉上具有吸引力，而且反映了生态的、可持续的和社会公平的生产方式。有的学生还创立了自己的品牌，并在网上销售衬衫，真正成为可持续理念的执行者和传播者。

2.生活空间建构领域

（1）项目主题：绿色学校——创新校舍内及周边绿化

提名高校：维也纳工业大学

自2015年以来，维也纳工业大学师生一直致力于生态建筑技术研究，取得了丰硕成果。该项目不仅促使学生深刻认知建筑物绿化对于实现未来城市可持续发展的重要价值，还引导学生亲自参与改造他们学习生活的空间，开展跨学科生态劳动实践，将校园建构为"绿色学校"。学生在实践中积极探索学校建筑内外绿化的策略，开发有效且可持续的绿化措施，从而改善微气候，提高舒适度，为师生提供健康的学习和生活环境。通过学习与实践，学生不仅掌握了测量、建筑物理研究等科学知识和技能，也在跨学科合作中开阔了视野，提升了解决实际问题的能力。

（2）项目主题：学校园艺

提名高校：福拉尔贝格教育学院

该项目的目标是在福拉尔贝格地区开展学校园艺活动，为包括大学生在内的青少年群体提供独特的学习和体验空间，加深他们对自然界的复杂生态系统以及健康食品生产的认识。项目不仅适用于大型花园，也适用于小型园艺空间，项目活动包括运用移动花箱进行种植、观察植物生长和收获果实等环节。福拉尔贝格教育学院从财政和教学上给予相应的支持，迄今为止已在当地建立了逾4600个箱式花园。学生在园艺劳动中积累了大量经验，形成了对物种多样性的价值和地区食品生产知识的全面认知，学生的劳动成果也对当地可持续发展做出了宝贵的贡献。

（3）项目主题：**无障碍教学花园**

提名高校：上奥地利州教育学院

上奥地利州教育学院通过建设"无障碍教学花园"，为学生提供了专业课程学习以及可持续发展教育的良好环境，也为当地气候保护做出了积极贡献。该学院在2020年和2021年进行了一系列重要的可持续发展活动。教师和学生在这期间规划并实施完成了主题花坛、高架花坛、堆肥容器和昆虫酒店等项目。这些项目强调学生的全面参与和行动导向学习，引导学生通过丰富多样、紧密结合社会实际的劳动实践，毫无障碍地增强对生态系统的理解、对生态知识的习得、对生态劳动技能经验的积累，在活动中获得成长，最终形成内驱的行动力。这些活动还积极促进学生进行跨学科合作，参与相关研究活动。这一项目也开启了高校开展生态教育和研究的新模式。

（4）项目主题：**社区花园**

提名高校：克拉根福特大学、塞洛韦茨大学

该项目由克拉根福特大学、塞洛韦茨大学的学生发起和组织，花园地点位于克拉根福特大学校园内，目标是激发学生对可持续性发展的关注与兴趣，为学生提供试验其改进环境生态的想法和开展生态劳动实践的空间，同时为其提供一个休息和交流的空间。新冠疫情暴发期间，花园团队还在线上组织了许多活动，例如在克拉根福特大学的线上课程中介绍生态文化科学知识，为"未来的园丁"——有志于从事园艺职业的学生制作技能指导的视频。

（5）项目主题：自然教育中的数字媒体运用

提名高校：维也纳农业与环境教育学院

自然体验是学生树立环境保护意识和获得完整经验的重要途径，是高校开展生态劳动教育的重要方式之一。维也纳农业与环境教育学院秉承"自然—生活—学习"的理念，将"知、感、行"融于一体，在育人方面取得了良好效果。学院还借助数字媒体设立了自然教育平台，以此促进学生的自主探究学习，同时为学生提供参与团队项目的机会。该平台很好地激发了参与者的浓厚兴趣，鼓励学生自主思考和提出创新性的、批判性的观点，引导学生积极投身可持续发展相关研究领域。在新冠疫情暴发期间，该平台也为学院教育提供了保障。

（6）项目主题：MCI地球日

提名高校：因斯布鲁克大学

在"我们都有能力！"这个口号下，因斯布鲁克大学于2021年4月举行了第一届MCI地球日活动。这项活动旨在激励学生提出他们对于可持续发展的思考与实践计划，充分发挥他们的创造力和组织才能，以增强自身及目标受众群对可持续性发展的责任意识。活动以创意竞赛的方式发动学生提出自己对地球日的策划方案，由评委会选出获胜团队，获胜方案将由学校实施。第一届MCI地球日活动由两个学生团队主办，他们与当地可持续发展相关企业合作，策划了关于可持续发展目标的Instagram活动、讲座晚会等。这次活动在Instagram上拥有超过270名关注者，并吸引了来自世界各地的近130名参与者，使得MCI地球日取得了巨大成功。生态劳动教育离不开学生的综合能力培养，而其中的组织策划、活动实施、社会交往等能力往往被教育者忽视。该项目不仅在这些方面很好地提升了学生的能力，也促使学生深化了对生态理念的认同。

3.气候变迁研究领域

（1）项目主题：对国家公园气候变迁的智能评估

提名高校：上奥地利应用科学大学

在这个项目中，来自植物学、生态学、动物学以及图像处理领域的师生组成了一个多学科联盟，他们通过开发AI技术，以自动化的方式确定阿尔卑斯山脉中敏感生态系统的气候变化情况，特别是霍赫陶恩国家公园的生态现状。学生通过新兴技术分析和评估植物物种组成的变化，对评估结果进行可视化呈现，并与以往的年度数据进行比较，以向相关领域决策者、研究者及公众直观生动地呈现生态问题。在信息时代背景下，提升环境监测和治理的信息化水平，实现生态环境一体化、先进化保护和智慧治理是十分迫切的任务。该项目有助于提升学生这方面的能力，学生在数字生态劳动实践中获得的数据与结论，为地方环境监测、制定决策和保护措施提供了重要参考，这对于革新教育内容及方法来说也具有前瞻性。

（2）项目主题：气候变迁慕课

提名高校：维也纳大学

气候变化是这个时代人类生存面临的主要挑战之一，鉴于由此带来的生态、经济和社会变化，越来越多的学生开始关注气候变化的事实及其影响。为了提升学生对该内容的科学认知并树立生态保护意识，维也纳大学新推出了关于气候变化的大规模开放在线课程。在这些免费的在线课程中，来自校内外的教师、专家生动地介绍了气候变化的科学知识，并讨论了实现可持续发展的战略与举措。此外，课程还开设了学生互动讨论的空间，鼓励学生观察生活和进行自我反思，例如思考如何改变自己生活方式，降低二氧化碳排放，如何以实践来推动可持续发展目标的实现。维也纳大学还将慕课融入不同的专业课程中，以促使更多的学生自觉关注气候变化，投身到可持续发展实践中去。学生进行生态劳动的持久内驱力来源于学生对生态问题的认知和思考，这一方式显然有助于激发学生的主体能动性，培养其问题意识与思维能力。

（3）项目主题：维也纳气候游戏

提名高校：维也纳农业大学

维也纳不少大学生和年轻人都十分关注气候变化的后果，自觉为保护气候而付诸实践，然而他们并不总能理解具体的决策是如何进行的，以及疑惑为什么不能立即采取大规模的行动，因此教导学生了解有关生态实践的外界影响因素十分重要。为此，维也纳农业大学的科学家们开发了"维也纳气候游戏"气候行动卡牌游戏，促使学生通过游戏深入了解生态实践过程中的有关权益和谈判的知识。该项目还编写与游戏配套的教材，并为教师提供在课堂开展游戏内容和相关讨论的思路与方法。该项目充分显现了以学生为中心的教育方法革新。

综上所述，奥地利高校生态劳动教育与自然保护、社会可持续发展紧密结合，十分重视培养学生的环保意识和可持续发展理念，同时注重学生的实践能力和探索创新能力，并积极促进跨学科专业协作与国际合作交流，致力于为高校生态劳动教育提供多元主体构成的师资力量和多方社会主体参与的实践资源。在育人过程中，这些高校不仅关注学生的劳作和作品，而是更注重激发学生在学习过程、实践过程中的主体能动性，通过躬身践行来潜移默化地引导学生认同生态理念，并生成持续的行动内驱力，这些经验都为我国生态劳动教育的发展提供了启示。此外，对信息技术的运用和多模态教学场景的建构，也能为我国教育方法革新提供可参考的经验。

结　语

高校劳动教育的科学实施离不开全面统筹、严密组织，需要以劳动教育的本质特征为依据，坚持以学生为中心的导向以及内涵建设，也需要紧跟时代发展，与学科专业精准对接，唯有如此，才能更好地发挥劳动教育在新时代生产力发展、社会建设、文化创造中的功能。因此，本书全面探索了高校劳动教育的价值内涵与教育方法，着眼于学生在认同劳动价值、提升能力素养和建构自身、全面发展自身的过程中存在的问题，提出了以"审美化"来推进高校劳动教育实施的观点。

审美化具有多重意义，它为我们提供了观照劳动教育目标的视域、阐发劳动教育机制的逻辑，也为我们提供了革新劳动教育理念和方法的维度。审美化的劳动教育并非以抽象的价值观念来进行说教，或者以浅表的感性体验来激发学生的兴趣，而是真正以学生为中心，重视主体完整经验的建构与生成，以自由自觉的劳动实践来塑造其理想人格、实现其生命意义，充分反映了劳动实践所具有的"真善美"统一的特质，体现了人的生存与发展所具有的完整性。审美化也为劳动教育方法革新提供了思路，促使教师观照学生的认知、感受、思维和行为，系统地运用教育场景中的各项要素来提升教育质量。

本书提出生生之美的研究视域，旨在通过人、社会、文化、科技多维度建构而成的生态系统，全面阐发当代劳动实践的特质与内涵，揭示美的劳动与真的劳动、善的劳动之间的紧密关联。本书也指出，劳动实践需促成人的需求、社会发展与生态保护的平衡，这一科学规律体现了中华劳动文化精神根脉，体现了中华劳动文化中蕴含的儒道哲学、美学思想，蕴含着中华工匠精神的要义。因此，劳动课程的思想政治建设不能停留在培养学生形成热爱劳动的精神、诚实劳动的品格、义务劳动的情怀，还需要建构我国劳动教育的价值体系与话语体系，在传播马克思主义劳动观的同时，也积极弘扬中华劳动文化与中国生态文明观。这些举措将促使学生更好地理解和认同劳动价值观，在劳动实践中更自觉地与社会发展相协调、与时代发展相适应，在劳动实践中洞悉中国智慧、传承中国经验、树立生态文化自信。

本书不仅从宏观层面探讨了上述问题，也从微观层面探讨了学生的情感体验、完整经验在价值认同中的重要性，并始终注重学生自由生命的实现、深层审美心理结构的形成。为了更具体地分析劳动教育方法路径，本书结合民俗劳动教育、环境劳动教育等来阐发生产美、生活美、生态美的内蕴，探讨劳动教育如何与专业育人深度融合，进而真正落实五育并举、深化五育融合。在此过程中，本书提出了"生态劳动"这一概念，并以设计专业为例尝试建构生态劳动课程内容体系。在"设计

结　语

史论"课程改革与服务乡村振兴、低碳设计创新等专题教学环节中,注重引导学生开展探索性、研究性、创新性的劳动实践,借助校内外多元场景,充分发掘场景空间具有的文化意义,促使学生认同生态文化与价值观、锻炼思维能力、提升综合素养。本书还着眼于学生具身参与以及新形态的沉浸式体验等教学方法研究,这些探索都能为高校劳动教育革新提供必要的经验。

总之,新时代的高校劳动教育应以促进学生全面发展、促进其与自然、社会的和谐共生为首要目的,其次才是培养其适应生产力发展的必备劳动素养。着眼于现状,高校劳动教育的发展仍有待我们发掘劳动文化的时代内涵和价值,以立德树人为根本,真正促使劳动教育与社会发展相协调,与当代中国文化相适应,而不能仅仅注重学生的劳动精神品质、实践技能的培养。高校劳动教育的发展也离不开科学方法体系的建构,本书力图以真善美统一的主体建构为中心,发掘劳动实践及教育过程本身的价值,重视培养学生的感受力、判断力、想象力和创造力,促使主体在劳动过程中生发内驱力、形成理想人格,同时强调劳动教育与专业教育融合的重要性,这些探索都能够促成劳动教育转化为人生、人性和生命教育,更好地促进五育融合。本书还提供了国外高校生态劳动教育的现状,旨在汲取其成功经验,也能够为劳动教育的中外比较研究提供一些启发,目前这类研究仍较为缺乏。

展望未来,劳动教育的学科性、创新性和多样性将不断凸显,劳动教育促进学生的生态文化科技素养全面发展与推动社会可持续发展、文化传承与创新等功能也将不断凸显，新文科、新工科背景下的高校劳动教育也将迎来更多的发展契机，同时也面临着更大的挑战，作为教育工作者，仍需要与时俱进地创新教育理念、教育方法，才能更好地提升劳动教育的实效性。

参考文献

鲍山葵. 美学三讲[M]. 周煦良, 译. 上海: 上海译文出版社, 1983.

柏林. 现实感[M]. 潘荣荣, 林茂, 译. 南京: 译林出版社, 2004.

蔡汀, 王义高, 祖晶. 苏霍姆林斯基选集 (五卷本) [M]. 北京: 教育科学出版社, 2001.

曹廷华, 许自强. 美学与美育[M]. 北京: 高等教育出版社, 1997.

陈桂生. 教育原理[M]. 上海: 华东师范大学出版社, 2000.

陈化, 马永慧. 回到身体: 道德价值构序的当代路向——兼论身体道德如何可能[J]. 学术研究, 2018 (10): 35-40, 70, 177.

陈治国. 关于西方劳动观念史的一项哲学考察——以马克思为中心[J]. 求是学刊, 2012 (6): 21-28.

程岭, 陈哲. 基于科学用脑理念探究"五育融合"价值[N]. 中国教师报, 2022-03-09 (4).

成有信. 教育与生产劳动相结合问题新探索[M]. 长沙: 湖南教育出版社, 1998.

狄肯斯. 社会达尔文主义——将进化思想与社会理论联系起来[M]. 涂骏, 译. 长春: 吉林人民出版社, 2005.

杜威.艺术即经验[M].北京：商务印书馆，2010.

杜威.人的问题[M].傅统先，邱椿，译.上海：上海人民出版社，2014.

高平叔.蔡元培教育论著选[M].北京：人民教育出版社，2011.

高书国.后普及教育时代：中国高等教育发展的战略空间[M].现代教育管理，2020（10）：1-9.

格尔茨.文化的解释[M].韩莉，译.南京：译林出版社，1999.

顾明远.教育大辞典（简编本）[M].上海：上海教育出版社，1999.

国家环境保护总局，中共中央文献研究室.新时期环境保护重要文献选编[M].北京：中央文献出版社，中国环境科学出版社，2001.

韩和鸣.苏霍姆林斯基的教学方法和艺术[M].郑州：河南大学出版社，2008.

杭间.中国工艺美学史[M].3版.北京：人民美术出版社，2018.

洪成文.现代教育知识论[M].太原：山西教育出版社，2004.

胡军.知识论[M].北京：北京大学出版社，2006.

怀特海.教育的目的[M].庄莲平，王立中，译.上海：文汇出版社，2012.

黄雅彬.场域视角下融媒体对民俗文化传播的影响[J].传媒，2023（13）：90-92.

吉本斯，等.知识生产的新模式——当代社会科学与研究的动力学[M].陈洪捷，沈文钦，等译.北京：北京大学出版社，2011.

吉登斯.超越左与右——激进政治的未来[M].李惠斌，杨雪冬，译.北京：社会科学文献出版社，2000.

教师百科辞典编委会.教师百科辞典[M].北京：社会科学文献出版社，1987.

教育部.教育部关于印发《大中小学劳动教育指导纲要（试行）》的通知[EB/OL].(2020-07-09)[2024-08-16].http://www.moe.gov.cn/srcsite/A26/jcj_kcjcgh/202007/t20200715_472808.html.

教育部课题组.深入学习习近平关于教育的重要论述[M].北京：人民出版社，2019.

金生鈜.德性与教化——从苏格拉底到尼采：西方道德教育哲学思想研究[M].长沙：湖南师范大学出版社，2003.

卡西尔.人论：人类文化哲学导引[M].甘阳，译.上海：上海译文出版社，2013.

李林洪.雷蒙德·威廉斯"情感结构"范畴探讨[J].中共山西省委党校学报，2015（6）：106-109.

李伟言.重塑我们的道德生活——当代德育价值取向转型的理论研究[M].北京：北京师范大学出版社，2012.

李艺，钟柏昌.谈"核心素养"[J].教育研究，2015（9）：17-23，63.

李咏吟.审美与道德的本源[M].上海：上海人民出版社，2006.

李泽厚.批判哲学的批判——康德述评[M].北京：人民出版社，1984.

李泽厚.华夏美学·美学四讲[M].北京：生活·读书·新知三联书店，2008.

林崇德.发展心理学[M].北京：人民教育出版社，2018.

林克松，熊晴.走向跨界融合：新时代劳动教育课程建设的价值、认识与实践[J]. 湖南师范大学教育科学学报，2020（2）：57-63.

刘成纪. 论中国先秦哲学的技术认知与"巨匠"观念[J]. 江苏行政学院学报，2016（4）：20-28.

刘铁芳. 生命与教化——现代性道德教化问题审理[M]. 长沙：湖南大学出版社，2004.

刘学勇，滕遥. 创造性终身教育活动探析[J]. 现代基础教育研究，2013（3）：130-137.

刘学勇，滕遥. 合理性教育循环与美育、劳育关系刍议[J]. 教育与教学研究，2016（5）：21-30.

刘正爱. 景观意味着什么？——从河合洋尚《景观人类学的课题》谈起[J]. 广西民族大学学报（哲学社会科学版），2016（1）：86-91.

柳宗悦. 用与美[J]. 徐艺乙，译. 中国非物质文化遗产，2021（5）：118-122.

鲁扬，杨天，戴媛媛. 大学生劳动教育[M]. 南京：南京大学出版社，2021.

马翀炜. 文化符号的建构与解读——关于哈尼族民俗旅游开发的人类学考察[J]. 民族研究，2006（5）：61-69，108-109.

马尔库塞. 爱欲与文明[M]. 黄勇，薛民，译. 上海：上海译文出版社，1987.

马尔库塞. 单向度的人[M]. 刘继，译. 上海：上海译文出版社，1989.

马尔库塞. 审美之维[M]. 李小兵，译. 北京：生活·读书·新知三联书店，1989.

马尔库塞.现代文明与人的困境[M].李小兵,等译.上海:生活·读书·新知三联书店上海分店,1989.

马慧子,马梅.劳动教育独具的文化价值[N].光明日报,2023-06-16(6).

马克思.1844年经济学哲学手稿[M].中共中央马克思恩格斯列宁斯大林著作编译局,编译.北京:人民出版社,2014.

马克思.资本论(第1卷)[M].北京:人民出版社,2004.

马斯洛,等.人的潜能与价值:人本主义心理学译文集[M].北京:华夏出版社,1987.

麦金太尔.追寻美德:伦理理论研究[M].宋继杰,译.南京:译林出版社,2003.

梅洛-庞蒂.可见的与不可见的[M].罗国祥,译.北京:商务印书馆,2008.

《美学原理》编写组.美学原理[M].北京:高等教育出版社,2015.

潘天强.新编马克思主义文艺学[M].上海:复旦大学出版社,2005.

漆飞,王大桥.人民性·情感性·当代性:"美好生活"的三个美学向度[J].民族艺术,2018(6):20-25.

钱穆.中国文化史导论[M].北京:九州出版社,2011.

施特劳斯.自然权利与历史[M].彭刚,译.北京:生活·读书·新知三联书店,2003.

时伟.大学生融入乡村振兴的实施路径[J].人民论坛,2021(19):104-106.

史密斯,科斯林.认知心理学:心智与脑[M].王乃戈,罗跃嘉,等译.北京:教育科学出版社,2017.

苏霍姆林斯基.帕夫雷什中学[M].北京：教育科学出版社，1983.

孙刚成，田玉慧.生命教育视域下的教育与人的发展[J].天津师范大学学报（基础教育版），2014（2）：1-4.

孙正聿.哲学通论[M].修订版.上海：复旦大学出版社，2005.

檀传宝.如何让"劳动"成为一种"教育"？——对劳动与劳动教育的概念之思[J].华东师范大学学报（教育科学版），2022（6）：97-104.

谭好哲，刘彦顺.美育的意义[M].北京：首都师范大学出版社，2006.

唐代兴.道德与美德辨析[J].伦理学研究，2010（1）：6-12.

田鹏颖，李雨珊.劳动教育的本体地位、本体价值及实践创新[J].中国劳动关系学院学报，2021（1）：33-40.

滕守尧.审美心理描述[M].北京：中国社会科学出版社，1985.

王策三.教育论集[M].北京：人民教育出版社，2002.

王建疆.审美学教程[M].上海：复旦大学出版社，2007.

王智敏.雷蒙德·威廉斯"文化与社会"传统的系统研究[J].系统科学学报，2023（2）：48-52.

文丰安.全面实施乡村振兴战略：重要性、动力及促进机制[J].东岳论丛，2022（3）：5-15.

闻人军.考工记译注[M].上海：上海古籍出版社，2008.

吴海庆.美育与德育关系的当代阐释[M].济南：山东文艺出版社，2008.

吴火，徐恒醇.技术美学与工业设计[M].天津：南开大学出版社，1986.

吴向东.重构现代性：当代社会主义价值观研究[M].北京：北京师

范大学出版社，2009.

西尔，克拉克.场景：空间品质如何塑造社会生活[M].祁书裕，吴军，等译.北京：社会科学文献出版社，2019.

希尔斯.论传统[M].傅铿，吕乐，译.上海：上海人民出版社，2014.

希林.身体与社会理论[M].李康，译.北京：北京大学出版社，2010.

习近平.习近平谈治国理政[M].北京：外文出版社，2014.

席勒.席勒经典美学文论[M].范大灿，等译.北京：读书·生活·新知三联书店，2015.

夏琼，陶冶，秦金亮.神经教育学——基于脑的教与学[M].北京：中国社会科学出版社，2017.

肖前，李淮春，杨耕.实践唯物主义研究[M].北京：中国人民大学出版社，1996.

新华月报.新中国70年大事记（1949.10.1—2019.10.1）（下）[M].北京：人民出版社，2020.

徐长发.新时代劳动教育再发展的逻辑[J].教育研究，2018（11）：2-17.

徐复观.中国艺术精神[M].桂林：广西师范大学出版社，2007.

雅斯贝尔斯.什么是教育[M].邹进，译.北京：生活·读书·新知三联书店，1991.

杨伯峻.论语译注[M].北京：中华书局，2006.

杨静云.列斐伏尔日常生活批判的演进逻辑[J].马克思主义哲学，2023（2）：147-154.

杨晓慧.当代大学生成长规律研究[M].北京：人民出版社，2010.

阳黔花，杨芳.怀特海美育思想探析[J].贵州师范大学学报（社会科学版），2011（6）：23-29.

叶浩生.身体与学习：具身认知及其对传统教育观的挑战[J].教育研究，2015（4）：104-114.

岳友熙.追寻诗意的栖居——现代性与审美教育[M].北京：人民出版社，2009.

曾繁仁.生态存在论美学视野中的自然之美[J].文艺研究，2011（6）：42-48.

张磊，倪胜利.身体视域下的劳动教育：文化内涵、价值意蕴与实践路向[J].国家教育行政学院学报，2019（10）：88-95.

张彦.思想政治教育主体性研究[M].广州：广东人民出版社，2006.

张玉能.人的本质力量与美[J].青岛科技大学学报（社会科学版），2006（2）：15-20.

张玉能.深层审美心理学[M].武汉：华中师范大学出版社，2018.

张云飞.中国式现代化中蕴含的独特生态观的内涵和贡献[J].东南学术，2024（1）：15-23.

赵长林.新中国成立70年我国劳动教育思想的演进与劳动课程的变迁[J].国家教育行政学院学报，2019（6）：9-17.

赵汀阳.第一哲学的支点[M].北京：生活·读书·新知三联书店，2017.

赵癸萍.理论内涵·价值意蕴·培育路径：大学生创新劳动的三维透视[J].机械职业教育，2021（2）：1-6.

中共中央党史和文献研究院.习近平关于中国式现代化论述摘编[M].北京：中央文献出版社，2023.

中共中央办公厅　国务院办公厅.中共中央办公厅　国务院办公厅关于印发《关于全面加强和改进新时代学校体育工作的意见》和《关于全面加强和改进新时代学校美育工作的意见》的通知[EB/OL].（2020-10-15）[2024-08-16]. http://www.moe.gov.cn/jyb_xxgk/moe_1777/moe_1778/202010/t20201015_494794.html.

中共中央　国务院关于全面加强新时代大中小学劳动教育的意见[N].人民日报，2020-03-27（1）.

中共中央马克思恩格斯列宁斯大林著作编译局.马克思恩格斯文集（第1卷）[M].北京：人民出版社，2009.

中共中央文献研究室.十八大以来重要文献选编（中）[M].北京：中央文献出版社，2016.

中共中央宣传部，中华人民共和国生态环境部.习近平生态文明思想学习纲要[M].北京：学习出版社，人民出版社，2022.

中华人民共和国乡村振兴促进法[N].农民日报，2021-04-30（2）.

朱光潜.朱光潜全集（第12卷）[M].合肥：安徽教育出版社，1990.

朱立元.马克思美育思想初探[J].当代文坛，2022（3）：4-23.

庄惠明，曾靓，王斐兰.习近平职业教育观的发展脉络及内涵特征[J].国家教育行政学院学报，2019（8）：3-10.

宗白华.美学散步[M].上海：上海人民出版社，1981.